신드바드와 떠나는 위대한 모험

＊**일러두기**
　인명과 지명은 국립국어원의 '외래어 표기법'을 따르되 이미 굳어진 경우 관례에 따라 표기했습니다.
　사진 출처 ⓒ셔터스톡, 위키미디어, 연합뉴스, 국립중앙박물관

신드바드와 떠나는 위대한 모험

글 박효연 · 그림 박규빈

차례

신라 공주와 페르시아 왕자의 사랑 ⋯ 6

메소포타미아, 위대한 모험의 시작 ⋯ 19

시장에서 길을 잃다 ⋯ 32

깨진 편견 ⋯ 45

잃어버린 양탄자 ⋯ 56

동그란 밀밭의 비밀 ⋯ 66

샬롬, 서남아시아 ⋯ 81

모험의 끝 ⋯ 91

[나오는 인물]

시윤이

학교 끝나면 학원 가기 바쁘다. 그런데도 틈만 나면 휴대폰 게임을 즐겨 한다. 예전에는 개그맨이 되고 싶었지만, 지금은 딱히 되고 싶은 게 없다. 신드바드, 라일라와 함께 모험을 떠난 뒤, 주변의 것들에 흥미를 갖고 꿈이 생긴다.

신드바드

잘난 척하기 좋아하고 실제로 아는 것도 많다. 서남아시아에 숨겨진 보물들을 찾기 위해서 시윤이와 함께 모험을 떠난다.

라일라

꿈이 많은 소녀이다. 여행을 좋아하고 적극적이며 활발하다. 시윤이와 신드바드의 모험에 함께하며 보물들을 찾는 데에 도움을 준다.

신라 공주와 페르시아 왕자의 사랑

'재미없게 능이라니.'

현장 학습으로 찾은 능에서 시윤이는 아침에 하다 만 게임 생각이 간절했다.

"이 사진 속에 있는 유리병은 신라 시대 고분인 황남 대총에서 발견되었어요."

선생님은 능으로 가는 길에 사진을 한 장 보여 줬다. 사진 속 유리병은 긴 목 위의 주둥이가 나팔꽃 잎 모양을 하고 있었고, 몸통은 달걀처럼 동그랬다. 또 연녹색 표면이 신비로운 빛을 냈다. 맨 뒤에 서서 한눈팔던 시윤이는 사진 속 봉수형 유리병에 시선이 멈췄다.

"봉수형 유리병은 외국에서 온 거야. 어느 나라에서 왔을까?"

"중국이요."

선생님이 질문하자 아이들이 한목소리로 대답했다.

"아니야. 물론 중국에서 온 물건들도 많지만 이 유리병은 5세기경, 서남아시아에서 대제국을 건설했던 페르시아에서 온 거야. 그 옛날에 만든 작품이라는 게 믿기지 않을 정도로 굉장히 세련된 모양이지."

선생님의 말을 듣고 시윤이는 교실에 붙어 있던 세계 지도를 떠올렸다. 서남아시아는 아시아의 동쪽 끝자락에 붙어 있는 한반도와 꽤 먼 거리였다.

'거기 매일 전쟁 일어나는 곳 아니야?'

서남아시아라고 하니 시윤이는 막상 떠오르는 게 없었다. 석유가 나고 사막이 많은 땅, 그리고 뉴스에서 보던 테러와 전쟁이 벌어지는 장면만 생각났다. 예쁜 봉수형 유리병이 그런 무시무시한 곳에서 왔다는 게 믿기지가 않았다.

"그 당시 서남아시아에서 신라까지 어떻게 물건을 가지고 왔어요?"

질문하기 좋아하는 해찬이가 물었다.

"당시 페르시아인들은 비단길과 바닷길을 통해서 중국을 거쳐 신라까지 왔어. 이 봉수형 유리병뿐 아니라 다른 유물들도 많이 남아 있지. 또 신라 시대 왕들의 무덤을 지키고 있는 조각상 중에는 페르시아인으로 추정되는 조각상들도 있단다."

선생님은 아이들을 이끌고 괘릉으로 이동했다. 괘릉에 도착하니 능 앞으로 조각상들이 줄지어 있었다.

선생님과 아이들은 조각상들을 살폈다. 그중 신라인이라고 생각하기에는 큰 키에 눈, 코, 입 등 얼굴 모양이 유독 다른 조각상들이 눈에 띄었다. 특히나 머리에 쓰고 있는 둥근 터번이 돋보였다.

시윤이는 조각상을 한참 동안 바라봤다. 어쩐지 조금 익숙한 얼굴 같기도 했다. 시윤이가 즐겨하던 게임 캐릭터의 모습과도 비슷한 것 같았다. 부리부

리한 눈, 굳게 다문 입, 귀밑에서 턱으로 흐르는 수염이 꼭 마법에 걸려서 굳어져 버린 사람 같았다. 조각상은 금방이라도 주문을 깨고 움직일 것 같았다. 그렇게 생각하는 순간, 조각상의 눈이 살짝 움직였다.

'이상하다. 방금 뭐가 움직인 것 같은데. 잘못 봤나?'

시윤이는 고개를 갸웃거렸다. 저만치 선생님과 아이들이 다른 곳으로 이동했다. 시윤이는 손을 뻗어서 조각상을 만지려다가 아이들이 있는 곳으로 뛰어갔다.

"페르시아 사람들이 신라에 와서 물건만 판 게 아니었나요?"

이번에는 수첩에 무언가 꼼꼼히 적던 예린이가 질문했다.

"와서 살기도 했지. 심지어 페르시아 왕자가 신라 공주와 결혼을 하기도 했어."

왕자와 공주의 결혼이라는 말에 아이들이 웅성대기 시작했다.

"이란에서 내려오던 '쿠쉬나메'라는 이야기가 있는데, 거기에 신라에 대한 기록이 남아 있어. 사산조 페르시아 제국이 멸망한 뒤 왕실 가족들이 중국에 망명*했고, 그 뒤 중국에서 다시 신라로 온 거야. 아브틴이라는 페르시아 왕자는 신라의 삼국 통일을 돕고 신라 공주와 결혼해서 아이까지 낳고 살았지. 그러다가 다시 고국인 페르시아로 떠났어."

이름조차 낯선 페르시아 사람들이 이 머나먼 땅까지 오다니……. 분열과 내전으로 망가진 제국을 두고 비단길에 오른 왕자와 가족들이 말도 통하지 않는 낯선 나라에 도착했을 때 그 마음은 어땠을까? 현장 학습이 지루하다며 투덜대던 시윤이는 어느덧 선생님의 말에 귀 기울이고 있었다.

---

* 정치, 사상, 종교 등의 이유로 자기 나라를 떠나 외국으로 피신하는 것을 말한다.

"신라 공주와 페르시아 왕자의 사랑이 두 나라의 문화가 얼마나 아름답게 어우러졌는지를 보여 주고 있는 것 같지? 우리가 상상했던 것 이상으로 페르시아와 신라의 교역은 활발했어."

현장 학습이 끝난 뒤, 선생님은 숙제로 서남아시아에 대해서 조사해 오라고 했다. 학원도 가고 학습지도 풀어야 하는데, 할 일이 산더미같이 쌓이자 시윤이는 입을 뾰족하게 내밀었다.

학교를 마치고 집에 도착한 시윤이는 아무렇게나 가방을 내려놨다. 그러고는 곧바로 컴퓨터를 켜고 인터넷 창을 열었다. 검색창에 서남아시아와 페르시아라는 단어를 번갈아서 입력했다. 스크롤바를 내리며 이곳저곳을 클릭해 보았다.

'신드바드 게임?'

게임이라는 단어가 눈에 들어왔다. 시윤이는 고민할 새도 없이 클릭해서 창을 열었다. 게임을 하면서 공부도 할 수 있을 것 같았다. 헐렁한 옷에 터번을 쓴 남자 캐릭터가 보물을 얻는 게임이었다. 요즘 나온 게임처럼 화면이 화려하지는 않았지만, 꽤 재미있을 것 같았다. 캐릭터가 보물 일곱 개를 찾아야 했다. 시윤이는 방향키를 눌러서 캐릭터를 움직였다. 화면 곳곳에 숨겨져 있는 보물을 찾는 것은 어렵지 않았다.

"시윤이 숙제하니?"

보물 세 개를 막 찾았을 무렵, 거실에서 엄마가 불렀다. 시윤이는 혹시 엄마가 방에 들어올까 봐 몸을 돌려서 문을 쳐다봤다. 시윤이의 팔꿈치가 자판의 'S' 자를 누르는지도 모르고 말이다.

"네! 숙제하고 이따가 학원 갈게요."

엄마는 별말이 없었다. 시윤이는 다시 모니터를 바라봤다.

〈신드바드 님을 부르시겠습니까?〉
YES   NO

　모니터 안에는 이런 메시지가 떠 있었다. 시윤이는 아무 생각 없이 '예스'를 눌렀다. 바로 그때였다. 번쩍, 모니터에서 눈부신 빛이 새어 나왔다. 깜짝 놀란 시윤이는 양손으로 눈을 가리고 뒤로 물러섰다. 시윤이가 정신을 차리려고 눈을 비비자 낯선 목소리가 들렸다.
　"이런, 좁은 데에 있으려니 옷이 구겨져서 스타일 망가졌네."
　시윤이 앞에 낯선 남자가 나타났다. 깜짝 놀란 시윤이는 순식간에 일어난 일에 소리도 지르지 못하고 눈만 깜빡였다.
　"안녕? 난 신드바드라고 해. 뭘 그렇게 뚫어지게 쳐다봐?"
　시윤이는 입을 다물지 못했다. 게임 속에서 사람이 튀어나오다니!
　이 사람은 분명 방금까지도 게임 속에서 보물을 찾던 캐릭터였다. 그런데 자세히 보니 그의 모습이 어딘가 낯이 익었다. 현장 학습에서 봤던 조각상의 모습과 비슷했다.
　"서, 서남아시아…… . 어떻게 게임 속에서…… ."
　"그래, 난 아랍에서 왔어. 그 유명한 신드바드 님이시지. 어떻게긴, 네가 날 불렀잖아."
　"제, 제가 불렀다고요?"
　시윤이는 여전히 이 상황이 이해되지 않았다.
　"네가 'S'를 일흔하고도 일곱 번이나 더 눌렀어. 그러자 날 부르겠느냐는 메시지가 떴고 너는 예스를 눌렀어. 그렇지?"
　시윤이는 머릿속이 하얘졌다.

"네 탓에 나는 나머지 보물 네 개를 찾지 못했어. 그래서 우리는 지금 보물을 찾으러 서남아시아로 가야 해. 뭘 꾸물대. 어서 나오지 않고."

신드바드는 시윤이 손을 잡고 창밖에 있는 양탄자로 향했다. 놀랄 틈도 없이 시윤이는 신드바드와 함께 양탄자에 몸을 실었다.

"말도 안 돼. 이걸 타고 서남아시아로 간다고요? 내가 왜 보물을 찾으러 거길 가요? 나랑 무슨 상관이 있다고……."

"아까도 말했잖아. 너 때문에 나머지 보물 네 개를 못 찾았으니 네가 대신 찾아 줘야 한다고."

보물? 양탄자? 대체 지금 무슨 일이 일어나고 있는 걸까?

"그런데 이 양탄자는 어디에서 났어요? 원래 양탄자는 알라딘이 타고 다니던 건데……."

시윤이는 질문할 게 많았다.

"그렇지. 양탄자는 알라딘이 타고 다니던 거지. 나는 주로 배를 타고 섬이며, 여기저기를 다녔어. 나도 그때 양탄자를 타고 다녔으면 고생을 덜 했을 거야. 그때 고생한 것만 생각하면……. 그래서 알라딘에게 빌렸다."

신드바드는 양탄자를 만지며 말했다.

신드바드와 모험을 떠난다니, 시윤이는 아직까지도 믿기지가 않았다. 양탄자가 하늘 높이 날자 시윤이는 잊은 물건이 생각났다.

"앗, 잠, 잠깐만요. 저 휴대폰을 놓고 왔어요. 다시 집에 좀 갔다 가요."

"시간 없으니 그냥 가자."

"으악!"

휴대폰 게임을 못 한다는 생각에 시윤이는 비명을 질렀다. 양탄자가 하늘 높이 날자 시윤이의 비명이 구름 속으로 사라졌다.

신라, 서남아시아를 만나다

ⓒ연합뉴스

페르시아는 오늘날 이란의 남서부 지역인 '파르스'라는 땅 이름에서 유래한 세계 최초의 제국이었다. 기원전 6세기 후반부터 기원후 7세기까지 이란 고원을 비롯해 중앙아시아에서 이집트에 이르는 대영토를 지배했다. 페르시아인들은 주변국들은 물론이고, 아시아 동쪽 끝에 위치한 신라까지 와서 교역을 했다. 그 흔적들은 화려한 문화를 꽃피운 천년 고도 경주 곳곳에 유물로 남아 있다. 대표적으로 신라 제39대 왕인 원성왕 무덤으로 추정되는 경주 괘릉과 제42대 왕인 흥덕왕의 무덤 흥덕왕릉 앞에 무인 석상들이 있다. 2미터가 넘는 육중한 몸집에, 한 손으로 불끈 쥐고 있는 칼, 깊숙한 눈, 우뚝 솟은 매부리코, 풍성한 수염 등은 당시 아라비아인의 모습과 유사하다. 뿐만 아니라 장식품, 보석류를 비롯해 페르시아 카펫과 모직 말안장 등 페르시아에서 넘어온 많은 물품들이 신라 왕들의 무덤에서 발견됐다.

비단길, 바닷길을 통해 한반도로

　페르시아인들은 어떻게 멀고 먼 신라까지 올 수 있었을까? 바로 동서 무역로인 비단길(실크 로드)을 통해서 가능했다. 비단길은 지중해 연안 지역부터 시작해서 서남아시아와 내륙 아시아를 가로질러서 신라까지 연결했던 무역로이다. 비단길이라는 이름은 당시 교역품 중 대표 상품인 중국 특산물 비단에서 유래했다.

　페르시아의 페르세폴리스에서 신라까지 낙타를 타고 비단길로 이동하면 약 8개월 정도가 소요되었다. 페르시아인들은 비단길을 통해서 신라에 보석, 직물, 유리 등을 가지고 왔다. 그 뒤, 페르시아인들은 바닷길을 통해서도 중국과 한반도를 오가며 신라, 고려 등과 교역을 했다.

　비단길과 바닷길을 통해서 물건만 전해진 것은 아니다. 이슬람교와 불교 등 종교와 예술이 함께 이동했다. 이처럼 비단길과 바닷길은 물품 교류를 넘어서 동서양의 문화가 이동했다는 점에서 역사적으로 큰 의미를 갖는다.

ⓒ국립중앙박물관 www.museum.go.kr

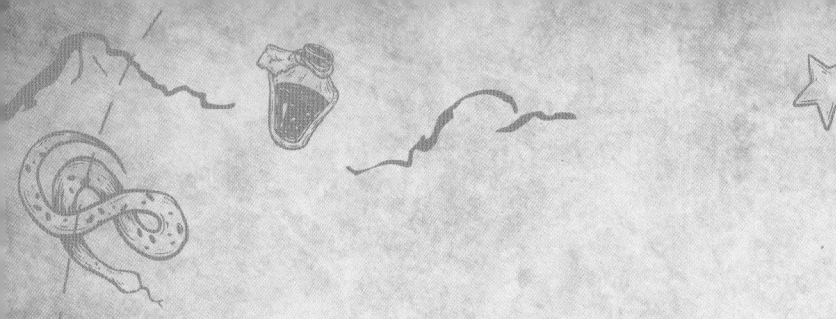

신드바드가 탄생한 《아라비안 나이트》

　《아라비안 나이트》는 아랍 지역과 인도, 시리아 등 서남아시아 지역에서 내려오는 설화가 담긴 대표적인 구비 문학이다. 15세기경에 아랍어 설화집으로 완성되었으나, 저자는 알려져 있지 않다. 이 이야기는 여성을 미워했던 페르시아 왕에게 현명한 여성 세헤라자데가 천일 일의 밤 동안 이야기를 들려주는 설정으로 구성되어 있다. 이야기 속에는 〈알라딘과 이상한 램프 이야기〉 〈알리바바와 40인의 도둑〉 같은 모험담과 교훈담 등이 있다. 그중 〈신드바드의 모험〉은 바그다드의 상인인 신드바드가 일곱 번의 모험을 하면서 바다와 무인도 등에서 고초를 겪고 보물을 얻는다는 내용이다. 신드바드의 모험은 당시 이슬람 세계의 발달한 항해술과 활발한 무역 활동을 보여 준다.

현존하는 가장 오래된 《아라비안 나이트》 원고

메소포타미아, 위대한 모험의 시작

양탄자는 빛이 번쩍이는 하늘을 향해 날았다. 빠른 속도에 눈을 제대로 뜰 수 없었다. 신드바드는 주머니에서 나침반을 꺼내어 만지작거렸다. 그러자 거친 바람이 불어와 양탄자가 요란하게 움직였다. 그것도 잠시, 양탄자는 곧 얌전해졌다. 양탄자 아래로 바다가 보이고 옆으로는 사막이 펼쳐졌다.

"그런데 어딜 가야 보물을 찾을 수 있는 거죠?"

보물 네 개를 다 찾아야 집에 돌아갈 수 있다는 사실에 시윤이는 막막했다.

"그걸 알았으면 나도 이 고생을 안 하지. 여하튼 보물들은 서남아시아 곳곳에 시간과 공간의 구분 없이 흩어져 있으니 잘 살펴보면 찾을 수 있겠지."

이토록 심각한 일을 아무렇지 않게 이야기하다니, 시윤이는 신드바드가 얄미웠다.

"너무 걱정할 것 없다. 나의 나침반이 길을 잘 안내해 줄 거야."

나침반이 길을 안내한다고? 휴대폰으로 검색하면 금방 나올 것 같은데.

시윤이는 집에 두고 온 휴대폰 생각이 간절했다.

"다 와 가는군."

서남아시아에 다가오자 신드바드와 시윤이가 탄 양탄자가 서서히 속도를 줄였다.

"벌써요? 우리나라랑 거리가 상당히 먼데, 어떻게 이렇게 빨리 도착한 거예요?"

시윤이는 놀란 눈을 하며 물었다.

"물론 우리가 비행기를 타고 왔다면 직항이 있는 두바이 국제공항까지 약 열 시간 정도 걸릴 거야. 하지만 우리는 시공간을 여행할 수 있는 양탄자를 타고 왔으니 눈 깜짝할 새에 올 수 있지."

양탄자 위에서 아래를 내려다보니 푸르고 거대한 강줄기가 보였다.

"저기 강이 보여요!"

사막의 끝에 거짓말처럼 강물이 흐르고 있었다.

"문명을 꽃피운 곳이구나."

"뭘 피워요?"

"이크, 이 녀석. 문명은 인류의 지혜가 발달해 미개한 삶에서 벗어난 모습을 말해. 바로 우리가 살고 있는 사회처럼 기술과 제도가 발전된 사회가 문명사회야. 이곳은 기원전 3000년경의 메소포타미아 지역으로, 처음 문명사회가 시작됐던 곳이지."

기원전 3000년경이면 얼마의 시간을 거슬러 올라온 것일까? 생각할 겨를도 없이 양탄자는 빠른 속도로 강줄기를 따라갔다.

"강 옆에 사람들이 몰려 있어요!"

"저곳으로 가자. 나침반이 저곳을 가리키고 있구나."

얼마 뒤, 사람들이 몰려 있는 강가에 도착했다. 신드바드와 시윤이는 양탄자에서 내려서 강가에 있는 사람들에게 다가갔다. 수십 명의 남자들이 강 옆에서 무언가를 만들고 있었다.

"이봐 뭐 해! 왜 꾸물대고 있어? 어서 빨리 흙을 나르지 않고!"

머리털이 하나도 없고 험상궂게 생긴 남자가 신드바드와 시윤이를 보고 다짜고짜 윽박질렀다. 아마 신드바드와 시윤이를 여기서 일하는 일꾼이라고 생각했던 것 같았다.

신드바드는 터번을 고쳐 쓰고 점잖은 목소리로 말했다.

"아, 에헴. 저로 말할 것 같으면 지금 한국인 친구와 함께 서남아시아를 여행하는 신드바······."

"뭐라는 거야! 신의 명령을 어길 셈이냐!"

남자는 아까보다 더 큰 목소리로 호통쳤다.

"아, 예예, 하고 있습니다요."

시윤이는 신드바드의 허리를 콕 치며 눈치를 줬다. 그러자 신드바드도 얼른 옆에 있는 돌을 나르기 시작했다.

"신의 말씀을 듣지 않으면 우리를 물로 벌하시니, 오늘 안으로 작업을 끝내야 한다!"

남자는 단상에 올라가서 모두가 들을 수 있게 외쳤다. 사람들은 더욱 빠르게 손을 놀렸다.

"신드바드 님, 신의 말씀이라니, 이게 무슨 말이에요?"

"메소포타미아 지역은 강물이 자주 넘쳤어. 이곳에는 수메르인들이 살았는데, 이들은 신이 노여워서 홍수를 일으킨다고 생각했지. 그리고 지도자들 또한 늘 그렇게 이야기하며 사람들을 열심히 일하게 했고, 또 자신의 말을 잘 들도록 한 거야."

　신드바드의 말을 듣고 시윤이는 고개를 끄덕였다.

"어이, 거기! 너 말이야, 너."

　남자는 신드바드에게 다가오며 거칠게 말했다.

"아, 예. 저는 왜 부르십니까?"

"지난번에 빵을 사고 잔금을 치르지 않았잖아. 그때 안 준 돈, 지금 당장 줘야겠어."

　남자의 말에 신드바드는 눈이 휘둥그레져서 말했다.

"예? 무슨 말씀이세요? 제가 빵을 사 먹다니. 저는 오늘 처음……."

"여기 점토판에 다 쓰여 있는데 그렇게 발뺌할 거야? 증거가 있는데?"

남자가 꺼낸 네모난 점토판에는 알 수 없는 글자들이 새겨져 있었다. 그 순간, 흙으로 빚은 점토판에서 반짝, 빛이 났다가 사라졌다. 남자는 그 빛을 못 본 모양이었다.

"머리에 티번 쓴 뺀질하게 생긴 놈, 빵 두 개? 헉! 이게 나야?"

신드바드는 놀란 토끼 눈을 하며 남자를 쳐다봤다.

"가만, 네 이놈! 얼마 전에 우리 집 양을 도둑질해 간 놈 아니야? 도둑질은 사형에 처하는 걸 알면서도 그랬더냐!"

남자는 도끼눈을 하며 신드바드를 쏘아봤다.

"헉, 안 되겠다. 시윤아, 얼른 양탄자 있는 곳까지 뛰자!"

신드바드의 말을 듣자마자 시윤이는 나르고 있던 물을 쏟아 버리고 양탄자가 있는 곳까지 뛰었다. 그리고 간신히 양탄자에 몸을 실었다. 신드바드와 시윤이가 양탄자에 올라타자 양탄자가 하늘 높이 날았다. 뒤쫓아 오던 남자들은 그 모습을 보고 바닥에 고개를 숙이고 절을 했다.

"오, 신이시여! 우리가 신의 명령을 잘 듣는지 감시하러 오셨다! 모두 고개를 숙이고 예를 갖춰라."

신드바드와 시윤이는 자신들을 향해 절하는 사람들의 모습을 보자 웃음이 나왔다.

"참! 보물은요?"

도망치느라 보물을 잊다니, 시윤이는 눈을 동그랗게 뜨고 물었다.

"내가 누구냐. 위대한 신드바드 님이 아니더냐. 옛다 보물."

신드바드는 품에서 점토판을 꺼냈다. 어느새 남자의 손에 들려 있던 점토판을 낚아채 가지고 온 것이었다. 볼품없는 흙덩어리 같은데 보물이라니……. 시윤이는 고개를 갸웃거리며 점토판을 바라봤다. 점토판에서 또다시 반짝 빛이 나왔다가 사라졌다.

서남아시아의 지형

서남아시아는 아시아의 남서쪽, 아시아와 아프리카, 유럽이 만나는 곳에 위치하고 있으며, 흔히 '중동' '아랍 국가'라고 불린다. 서남아시아의 전체 면적은 약 600만 제곱킬로미터에 이르고 사우디아라비아, 쿠웨이트, 이란, 이라크, 이스라엘, 요르단, 레바논, 터키, 시리아, 팔레스타인, 예멘, 오만, 아랍 에미리트 등이 이 지역에 속해 있다.

서남아시아의 대부분이 사막 지대이지만, 북부 지역에는 높은 산지와 고원이 있다. 특히 이란 북부 지역에는 서남아시아에서 가장 높은 산맥이자 화산인 엘부르즈산맥이 있다. 최고 높이는 약 5,600미터로, 꼭대기 부분은 눈으로 덮여 있다. 또한 이란과 터키 등은 아라비아 판과 유라시아 판의 경계에 위치하고 있어서 지

진 피해가 종종 일어나기도 한다.

　서남아시아 중부 지역에는 유프라테스강과 티그리스강에 의해서 만들어진 메소포타미아 평원이 있다. 이곳의 땅은 매우 비옥해서 메소포타미아 문명이 발상할 수 있었다.

　서남아시아 남부 지역은 대규모 사막과 초원이 분포되어 있다. 이곳에 아라비아반도의 대표 사막인 룹알할리 사막이 있다. 룹알할리 사막은 아라비아반도의 20퍼센트를 차지하며 연속적인 사막으로 사막 중에 세계 최대 규모이다. 서쪽은 고도가 높고 불모지여서 사막 민족인 베두인족조차도 살기 힘든 땅이다. 반면, 동쪽은 고도가 낮고 모래 언덕과 평지로 이뤄져 있으며, 우물과 오아시스가 있어서 유목민들이 정기적으로 찾아가 머무는 곳이다.

서남아시아의 다양한 기후

서남아시아는 지역별로 각기 다른 지형적 특징을 가지고 있어서 기후 역시 다양하다. 사우디아라비아와 예멘, 오만 등은 사막 기후를 나타내는데, 여름철 온도는 무려 45도를 넘나들 정도이다. 그 밖에 레바논과 이스라엘 같은 지중해 인근 서북부에 위치한 나라들은 지중해성 기후와 대륙성 기후를 나타내고 이란, 이라크 등은 아열대 기후와 대륙성 건조 기후를 나타낸다. 또 서남아시아 북부에 위치한 터키는 내륙 지방은 대륙성 기후, 해안 지방은 해양성 기후를 가지고 있다. 터키와 이라크 북부 지방은 겨울철 기온이 영하로 내려가기도 한다.

이라크

메소포타미아 문명의 발상지였던 이라크는 수메르, 바빌로니아, 아시리아 등 고대 왕국이 세워졌던 곳으로, 아라비아반도의 동북부에 위치하고 있다. 7세기, 이슬람 교도들의 침입으로 이슬람 문화를 받아들이며 이슬람 국가가 되었고, 현재는 국민의 95퍼센트 이상

이 이슬람교를 믿고 있다.

이라크의 지형은 티그리스강과 유프라테스강 주변으로 충적 평원 지대가 있고 그 외 고원 시대, 서부와 남부의 사막 시대로 나뉜다. 티그리스강과 유프라테스강을 끼고 있는 이라크의 비옥한 땅은 오래전부터 주변 국가들이 탐을 내었다. 그 때문에 갖은 침탈과 전쟁을 겪었고 현재까지도 내전과 쿠르드족 등의 문제가 있다.

이라크와 쿠르드족의 문제

쿠르드족 사이에는 "쿠르드족에게는 친구가 없고 산만 있다."라는 유명한 속담이 있다. 쿠르드족은 기원전 9세기경에 자그로스산맥 일대에 세워진 메이아 왕국의 후손으로, 오스만 제국의 지배를 받았다. 그러나 오스만 제국이 무너진

쿠르드족에 의해 건설된 이란의 사난다즈

뒤에도 나라 없이 떠돌이 생활을 하고 있다. 쿠르드족은 북쪽은 터키에, 남쪽은 이라크에 편입되었으며, 이란·시리아·아르메니아 등에도 분포하고 있는데, 주변국들이 철저하게 독립을 방해하고 있다. 2003년 이라크에 미국 군대가 주둔하게 된 뒤에 이라크 내 쿠르드족 자치 정부가 구성되었지만, 여전히 국가를 만들고 있지는 못한 상태이다.

비옥한 초승달 지대 '메소포타미아 문명'

이집트 문명, 인더스 문명, 황허 문명과 더불어 세계 4대 문명 중 하나인 메소포타미아 문명은 기원전 3500년경, 지금의 이라크 땅인 티그리스강과 유프라테스강 사이의 비옥한 초승달 지역에서 탄생했다. 이 지역은 매년 홍수가 났는데, 그때마다 강의 상류에서 기름진 흙이 떠내려왔다. 그 결과 강 주변은 농사짓기에 좋은 기름진 땅이 되었고, 사람들이 모여 살기 시작하면서 문명이 탄생할 수 있었다. 그 땅을 '메소포타미아'라고 불렀다.

강 주변의 작은 마을은 점점 커져서 국가가 되었는데, 그중에서도 가장 큰 도시 문명을 이

쐐기 문자

룬 사람들은 수메르인들이었다. 이란 고원에 살던 수메르인들은 비옥한 메소포타미아 지역으로 몰려와서 벽돌로 집과 신전을 지으며 건축 기술을 발전시켰고, 도시를 만들어 공동체 생활을 했다. 수메르인들은 복잡해진 공동체 질서를 유지하기 위해 법과 제도도 만들었다. 이를 위해서는 문자도 필요했다. 인류 최초의 문자인 쐐기 문자는 그 기원이 정확히 밝혀지지 않았지만, 약 기원전 3000년경에 등장한 것으로 알려져 있다. 또한 기원전 1750년경에는 함무라비 법전이 만들어졌다. '눈에는 눈, 이에는 이'라는 유명한 말이 바로 함무라비 법전에서 유래된 것이다.

함무라비 법전

티그리스강

티그리스강은 터키 동쪽에서 강물이 시작해서 이라크 남부에서 유프라테스강과 만나 페르시아만으로 흐른다. 이라크의 수도 바그다드가 티그리스 강가에 위치하고 있으며, 강의 총 길이는 약 1,900킬로미터이다.

유프라테스강

유프라테스강 또한 티그리스강과 마찬가지로 터키 동쪽에서 시작해서 이라크와 시리아를 통해 흐른다. 이라크 남부에서 티그리스강과 합쳐져 페르시아만으로 흘러 들어간다. 유프라테스강은 서아시아 최대의 강으로, 강의 총 길이가 약 2,800킬로미터에 달한다.

시장에서 길을 잃다

"이것 참, 이 고물 양탄자."

"왜 그러세요? 신드바드 님?"

신드바드의 표정이 좋지 않았다.

"내가 배 운항은 기가 막히게 잘하는데, 양탄자는 처음이라서 말이다. 알라딘 이 녀석, 양탄자 사용법 좀 잘 알려 주지."

신드바드는 바지 주머니에서 솔을 꺼내 양탄자를 문질렀다. 그런데 그 순간 양탄자가 휘청거리더니 이내 더 요란스럽게 움직였다.

"어, 이러다가 떨어질 것 같아요. 으악!"

시윤이가 소리쳤다. 신드바드의 얼굴에서 땀이 솟구쳤다. 그 순간, 시윤이는 데굴데굴 굴러 양탄자에서 떨어졌다. 신드바드가 손을 잡아 줄 새도 없었다. 양탄자는 시윤이를 떨어트린 채 신드바드와 함께 사라졌다.

시윤이는 비명을 지르며 하늘에서 떨어졌다. 어느 마을 올리브 나무가 무

성히 자란 곳이었다. 풍성한 잎사귀 사이로 시윤이가 떨어지자 나무 속에 있던 새들이 푸드덕거리며 날아올랐다. 시윤이는 옷자락이 나무에 걸려서 대롱대롱 매달렸다. 곧 나뭇가지가 부러지고 시윤이는 바닥으로 고꾸라졌다.

"아야! 아, 여기가 어디야?"

시윤이는 낯선 곳에 내리게 되어서 당황스러운 나머지 아픈 것도 잊었다. 다행히 사람들이 본 것 같지는 않았다.

"아까 내가 떨어지면서 양탄자가 저쪽으로 간 것 같은데. 저리로 가면 신드바드 님을 만날 수 있을 것 같아."

시윤이는 자리에서 일어나 옷을 털고 신드바드를 찾아 나섰다. 시윤이가 양탄자에서 떨어진 뒤 신드바드도 인근에 내렸을 거라고 생각했다. 양탄자가 날아간 방향으로 큰 건물이 있었다. 안쪽으로 들어가는 문 위에는 거대한 돔이 얹혀 있고, 입구 양옆으로 긴 첨탑이 세워져 있었다. 가까이 다가가니 첨탑이 너무 높아서 한눈에 들어오지도 않았다. 입구 주변으로 사람들이 몰려 있었다. 양손 가득 물건을 들고 나오는 사람들로 보아 시장 같았다.

시윤이는 시장 안으로 들어갔다. 안으로 들어서자 반대편 끝이 보이지 않을 만큼 시장의 규모가 컸다. 천장은 높았고 곳곳에 구멍이 뚫려 있어서 그 사이로 햇빛이 들어왔다. 어디에서 왔는지 사람들이 좌우로 쏟아져 나왔다. 시윤이는 사람들이 웅성거리는 소리와 형형색색의 물건들에 정신이 없었다. 비단이 걸려 있는 상점, 알록달록 색을 내는 전등, 형형색색의 향신료 등이 눈과 코를 어지럽게 했다. 한국에서 보던 것들과는 전혀 다른 물건들이었다. 어느 골목에 다다르니, 길 양옆으로 카펫이 걸려 있었다. 나이가 지긋한 할아버지들이 바닥에 앉아서 카펫을 실로 꿰고 있었고, 젊은 남자들은 카펫을 나르기 바빴다.

시윤이의 눈이 이곳저곳을 둘러보다가 유리로 만든 공예품을 파는 가게에서 멈췄다. 시윤이는 공예품의 빛깔들을 보면서 어디에서 많이 본 듯한 기분이 들었다. 은은히 퍼져 나오는 연둣빛이 익숙하다는 생각이 들 때쯤, 차를 들고 가던 남자가 시윤이와 부딪쳤다. 차를 담은 쟁반이 바닥에 떨어지고 시윤이에게도 찻물이 조금 튀었다.

"이 녀석아, 잘 보고 다녀야지!"

남자는 큰소리를 냈다. 시윤이는 이 상황이 화가 나면서도 슬펐다. 괜히 양탄자를 타서 이곳까지 왔나 싶었다. 빨리 집에 가고 싶었다. 낯선 곳에 온 페르시아 왕자가 이런 기분이었을까? 이 상황에 페르시아 왕자라니……. 엉뚱한 생각에 시윤이는 머리를 흔들었다.

시장은 생각보다 훨씬 컸다. 신드바드를 찾는 것은 둘째 치고, 어서 이곳을 빠져나가고 싶었다. 시장 곳곳에서 고소한 음식 냄새가 났다. 꼬챙이에 꽂아 알맞게 익힌 고기들이 윤기를 내고 있었고, 그 옆에서는 배가 불룩하게 나온 남자가 노릇하게 익은 빵을 화덕에서 꺼내고 있었다. 시윤이는 음식 좌판을 바라보니 침이 저절로 나왔다. 하지만 돈 한 푼 없는 시윤이는 음식을 살 수 없었다. 한참을 걸어가니 출구가 보였다. 시윤이는 없던 힘을 내서 출구 쪽으로 갔다. 하지만 막상 출구로 오니 갈 곳이 없었다.

"알라후 아크바르.*"

어디에선가 낯선 소리가 났다. 노랫말 같기도 했다. 시윤이는 소리가 나는 곳으로 향했다. 동그란 지붕에 온통 흰색 페인트로 칠해져 있는 곳이었다.

---

* '알라는 가장 위대하다'라는 뜻의 아랍어로, 이슬람 사원인 모스크에서 신도들에게 기도 시간을 알리는 소리이다.

건물 안에는 남자들이 바닥에 머리를 숙이고 절을 하고 있었다.

시윤이는 대리석으로 되어 있는 바닥에 앉았다. 이내 졸음이 쏟아졌고, 둥그런 기둥에 기대어 잠에 빠졌다. 얼마 안 가 희미한 빛이 비추더니 화려한 한복을 입은 여자아이가 서 있었다. 불어오는 바람에 한복이 흩날렸다. 하지만 뒷모습만 보여서 얼굴은 볼 수 없었다.

"얘! 일어나 봐."

누군가 시윤이를 깨웠다. 한참을 꿈쩍도 하지 않던 시윤이가 슬며시 눈을 떴다. 눈앞에는 꽃무늬 히잡을 쓴 여자아이가 서 있었다.

"신, 신라 공주?"

침 흘리며 자고 있던 시윤이는 서둘러 입을 닦았다.

"신라 공주는 누구야? 근데 너 아까 나무에서 떨어진 애지?"

여자아이는 재미있다는 듯 말했다. 시윤이는 놀란 토끼 눈을 하고 여자아이를 바라봤다. 나무에서 떨어지는 모습을 봤다니.

"아, 나는 라일라라고 해. 이란인이고, 이곳 타브리즈*에 살아."

시윤이는 여전히 비몽사몽 정신이 없었다. 하지만 여자아이의 입에서 나온 이란이라는 말에 현장 학습에서 들은 페르시아가 생각났다. 선생님은 이란인이 페르시아인의 후손이라고 했다. 거대 제국을 다스린 나라의 후손이라 저리 당당할까? 먼저 자기소개를 한 라일라에게 시윤이는 자신의 이름을 좀 멋지게 소개하고 싶었지만 입이 떨어지지 않았다.

꼬르륵.

---

* 타브리즈는 이란 아제르바이잔 주의 주도이며, 이란의 두 번째 도시이다. 이란, 터키 등을 연결하는 교통의 중심지에 있어서 동서양의 교류에 핵심적인 역할을 했다.

오늘 하루 종일 아무것도 먹지 못한 시윤이의 배에서 소리가 났다.

"배가 많이 고픈 모양이구나. 우리 집으로 초대할게. 부모님이 반겨 주실 거야."

시윤이는 라일라 뒤를 따랐다. 복잡한 골목을 지나는 동안 라일라는 시윤이가 잘 따라오고 있는지 연신 고개를 돌려 확인했다.

"아빠, 타브리즈 바자르 모스크에서 손님을 데리고 왔어요."

"오, 알라께서 우리에게 귀한 손님을 보내셨구나."

라일라 아빠는 시윤이를 반갑게 맞이했다. 차도르로 온몸을 가린 라일라 엄마는 주방에서 먹을거리를 내왔다. 채소와 고기가 큼직하게 들어가 있는 국이었다. 라일라 엄마는 우선 삶은 감자를 그릇에 담아서 으깼다. 그러고는 국을 붓고 노릇하게 익은 밀가루 빵을 잘게 잘라 넣었다.

"이 음식은 압구시트라고 해. 이란 전통 음식 중 하나야."

라일라가 음식이 담긴 그릇을 주며 시윤이에게 말했다. 시윤이는 국물까지 남기지 않고 다 먹었다. 시윤이가 맛있게 음식을 먹는 모습을 보며 라일라 가족들은 흐뭇한 미소를 지었다. 라일라 엄마는 곧 디저트를 내왔다. 연둣빛 유리잔에 담겨 있는 디저트는 가느다란 흰색 줄이 겹겹이 쌓여 있었고 그 위로 빨강, 노랑 시럽이 뿌려져 있었다.

"팔루데라는 이란 아이스크림이야. 더위를 잊게 해 줄 거야."

하얀 팔루데가 연둣빛 유리잔과 잘 어울렸다. 순간 시장에서 본 연둣빛 유리병이 떠올랐고, 며칠 전 현장 학습에서 본 유리병도 생각났다. 아이스크림을 입에 넣자 달콤한 맛에 갈증이 사라졌다. 연둣빛이 마음을 편하게 만들어 주는 것 같았다.

라일라 엄마는 또다시 음식들을 내왔다. 시장에서 시윤이의 군침을 돌게 만들었던 빵과 과일이 눈앞에 차려졌다. 시윤이는 낯선 사람을 초대해서 음식까지 차려 준 라일라 가족이 고마웠다. 그 고마움에 뭐라도 주고 싶었지만, 마땅히 줄 게 없었다.

"우리 무슬림들은 손님을 후하게 대접해 줘야 한단다. 그러니 미안해할 필요 없어."

"저만 먹어서 너무 죄송한데 같이 좀……."

입에 빵을 한가득 넣어 볼이 빵빵해진 시윤이가 말했다.

"후훗. 괜찮아. 우린 라마단 기간이라서 해가 떠 있는 낮 시간 동안은 아무것도 먹지 않는단다."

라일라 아빠가 말했다. 그 말을 들은 시윤이가 빵을 내려놓자 라일라 아빠는 아이들은 음식을 먹어도 괜찮다고 했다. 시윤이는 배불리 음식을 먹자 살 것 같았다. 그제야 신드바드가 생각났다. 신드바드는 도대체 어디서 무얼 하고 있을까?

이란

서남아시아는 지리적으로 아시아, 아프리카, 유럽이 만나는 곳에 위치하고 있어서 예로부터 각 대륙의 상인들이 많이 드나들었다. 그중 서남아시아 북부에 있는 이란은 과거 중국으로 가는 비단길의 중심지로, 교역이 활발했다. 이

란은 '아리아인의 땅'이라는 뜻으로, 1935년에 공식 명칭으로 지어졌으며, 이전에는 페르시아로 화려한 문화와 종교를 가지고 수천 년의 역사를 꽃피웠다. 이란은 넓은 땅만큼 산악 지대부터 비옥한 평지, 사막 지대까지 다양한 지형을 가지고 있다.

천년의 시장 '이란 타브리즈 바자르'

이란 타브리즈에는 오래된 시장인 타브리즈 바자르가 있다. 바자르는 시장이라는 뜻으로, 타브리즈 바자르에서는 페르시아 양탄자, 향신료, 비단 등 다양한 물건들을 팔고 있다. 타브리즈 바자르 안에는 상점은 물론이고 이슬람 사원, 목욕탕, 학교 등도 있다. 타브리즈 바자르는 2010년, 유네스코 세계 문화유산으로 지정되었다.

이슬람

이슬람교는 610년 사우디아라비아의 중서부에 위치한 도시 메카에서 탄생했다. 이슬람교가 등장하기 이전까지의 아라비아반도는 부족마다 섬기는 신도 많고, 부족 간의 전쟁도 잦았으며, 지배층과 빈민층이 대립하

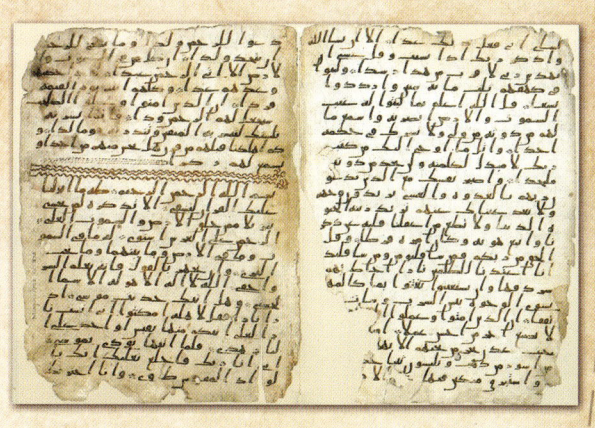

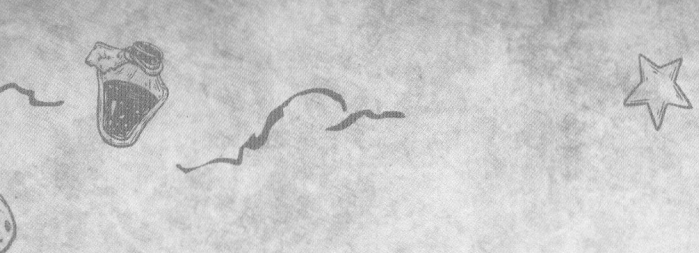

는 등 무척 혼란스러웠다. 그러던 어느 날 메카에 살던 상인이었던 무함마드는 히라산 동굴에서 명상을 하던 중 천사 가브리엘을 통해 알라의 계시를 받는다. 그는 자신이 받은 계시를 사람들에게 전파하며 우상 숭배를 금지하고 유일신인 알라를 믿게 했다. 이것이 바로 이슬람교이다. 모든 사람이 평등하다는 사상을 가지고 있는 이슬람교는 많은 사람들의 지지를 받으며 세력을 넓혔다. 또한 무함마드는 22년 동안 천사를 통해 알라에게서 받은 계시를 기록했는데, 이것이 이슬람교의 성서인 코란이다.

서남아시아 전통 옷

서남아시아 대부분은 덥고 건조하기 때문에 자연환경을 극복하기 위해서 햇볕과 모래 바람을 막는 긴 옷을 입으며, 천으로 눈과 코, 머리를 가리기도 한다. 또한 서남아시아 사람들 대부분이 믿고 있는 이슬람교에서도 옷차림을 중요시 여기는데, 이는 이슬람교 교리인 코란에서 남녀 모두 검소한 옷차림을 강조하고 있기 때문이다.

토브

남성들이 입는 한 벌로 된 흰색 옷으로, 토브, 칸두라, 디슈다샤 등으로 불린다. 머리에도 천을 쓰고 이갈이라고 하는 검은색 링으로 고정한다.

히잡

이슬람교를 믿는 아랍 국가들은 특히 여성의 신체를 드러내지 못하게 했다. 그래서 집 밖으로 외출할 때 대부분 히잡을 쓴다. 히잡을 쓰는 것은 자신의 종교적 신념을 나타내는 것이기도 하기 때문에 강요보다는 자발적으로 쓰는 편이다. 하지만 상대적으로 옷차림이 자유로운 남성들에 비해서 사우디아라비아나 이란 같은 국가에서는 여성들의 의상이 법으로도 정해져 있다. 그래서 여성 차별이라는 논란이 일기도 한다. 이란의 경우 외국인 여성들도 히잡이나 스카프로 머리를 가려야 한다. 그 외에 온몸을 가리는 차도르, 부르카, 니캅 등이 있다. 요즘에는 화려한 모양과 색의 히잡을 착용해 멋을 내기도 한다.

서남아시아 음식

서남아시아 국가들의 주식은 유목민 베두인족이 즐겨 먹던 음식인 밀이다. 밀을 가지고 빵을 만들면 물이 부족한 사막 국가에서는 물이 많이 필요하지도 않고, 가지고 다니기 편리해서 무척 유용했기 때문이다. 밀과 함께 즐겨 먹는 음식은 바로 양고기이다. 유목민들은 특히 양에게서 먹을 것을 많이 얻었는데 양젖, 양젖으로 만든 요거트, 양고기 등은 사막 생활을 할 때 필요한 영양분을 공급해 줬다. 물이 부족해 양고기는 주로 꼬챙이에 꽂아서 숯불에 구워 먹었으며, 이것이 서남아시아의 대표적인 요리가 되었다.

할랄 식품

이슬람교를 믿는 서남아시아 국가들은 돼지고기와 동물의 피, 이슬람 율법에 따라 도축되지 않은 고기는 먹지 않는다. 과일, 채소, 곡류 등 모든 식물성 음식과 모든 해산물, 그리고 이슬람 율법에 따라 도축된 닭고기와 소고기 등을 '허용된 것'이라는 의미로 할랄 식품이라고 한다.

깨진 편견

 이른 아침부터 라일라 가족은 분주하게 움직였다. 모두 새 옷으로 갈아입고 단장을 했다. 집 근처에 있는 모스크에 가기 위해서라고 했다.
 "오늘부터 이드 알피트르 축제가 시작돼."
 새 옷으로 갈아입은 라일라가 즐거운 표정으로 이야기했다.
 시윤이에게 옷이라고는 지금 입고 있는 옷 한 벌뿐이었다. 그것도 며칠 동안 입어서 때가 묻어 있었다.
 "이 옷을 입어."
 라일라가 한 벌로 된 흰색 이란 전통 옷을 시윤이에게 건넸다. 시윤이는 태어나서 처음 입어 보는 옷이어서 어색했다. 그런데 막상 입어 보니 좀 멋져 보였다.
 라일라 가족들은 외출 준비를 했다. 오늘부터 축제라더니, 이른 시간부터 어디에 가는지 궁금했다.

"축제가 시작하기 전에 모스크에 가서 예배를 드려야 한단다."

말끔히 차려입은 라일라 아빠가 새 신발을 꺼내어 신으며 말했다.

"시윤이도 우리와 함께 갔으면 좋겠구나. 라마단이 잘 끝난 것에 대한 감사의 기도를 드리고 너의 모험도 무사히 마치길 기도하면 좋을 것 같아."

라일라 엄마의 말에 시윤이도 라일라의 가족과 함께 나섰다. 시윤이는 어서 신드바드를 만나서 보물을 찾고 한시라도 빨리 집에 가고 싶었다.

이른 시간인데도 모스크에는 마을 사람들로 발 디딜 틈이 없었다. 온 동네 사람들이 다 모인 것 같았다. 그런데 사람들이 몰려 있는 모습을 보자 불현듯 뉴스에서 보았던 무질서한 장면이 생각났다. 사람이 많으면 사고도 많을 텐데, 누군가 나쁜 짓을 하지는 않을까 걱정이 되었다. 하지만 모스크 안은 무질서하거나 복잡하지 않았다. 사람들은 모두 웃으며 인사하고 서로에게 안부를 물었다. 표정은 모두 편안해 보였다.

예배를 마친 사람들은 저마다 봉투를 꺼내서 네모난 통에 넣었다.

"뭘 넣고 있는 거야?"

사람들의 모습을 보며 시윤이가 물었다.

"이웃을 위해서 돈을 내는 거야. 자카트라고 하는데, 우리 무슬림들이 꼭 지켜야 하는 일 중에 하나이지."

모스크에 비치는 아침 햇살이 라일라의 얼굴에 닿아 미소가 더욱 선명하게 보였다. 이웃을 위해서 자신이 가지고 있는 돈을 내다니, 우리나라도 연말이면 이웃을 돕기 위해서 돈을 기부하는데. 사람들이 사는 곳의 공통점은 다른 사람을 위하는 마음이라는 생각이 들었다.

"시윤아, 네 꿈은 뭐니? 난 학문을 연구하는 학자가 되고 싶어. 우리 조상들이 그랬던 것처럼."

"너희 조상들은 학자가 많았나 보구나."

과거 아랍 지역은 동서양이 만나기 좋고, 힘든 자연환경을 극복하기 위해서 많은 학문이 발전했다고 한다. 그리고 그 학문들은 유럽과 아시아를 통해서 세계에 퍼졌다고 한다. 라일라는 눈빛을 반짝거리며 쉼 없이 말했다.

시윤이는 커서 뭐가 되고 싶다는 생각을 딱히 해 본 적이 없었다. 예전에는 사람들을 웃기는 개그맨이 되고 싶었는데, 지금은 학교 마치고 학원 가고 학원 끝나면 다시 다른 학원에 가기 바빠서 미처 꿈이 무엇인지에 대해서 생각할 겨를이 없었다. 시간이 있을 때에는 휴대폰 게임만 했다. 학자가 정확히 무엇을 하는 사람인지 알지 못했지만, 학자가 되고 싶다는 라일라가 왠지 멋져 보였다.

모스크를 나와서 간 곳은 라일라의 친척 집이었다. 축제 때마다 친척과 이웃들이 함께 모여서 축제를 즐긴다고 했다. 라일라의 친척들은 라일라 가족과 시윤이를 반겼다. 서로 손을 잡고 안부를 묻기 바빴다.

거실에는 양고기와 수수, 콩 등 채소로 만든 찜, 사프란*으로 지어서 노란빛이 도는 밥, 노릇하게 익힌 닭고기 요리 등으로 한상 가득 음식들이 차려져 있었다. 시윤이는 음식을 바라보는 것만으로도 군침이 흘렀다. 그런데 사람들의 수에 비해서 음식의 양이 너무 많이 차려진 것 같았다.

"이 음식은 너희가 돌아다니면서 사람들에게 나누어 주렴."

라일라 엄마는 시윤이와 라일라에게 한가득 음식을 싸 줬다. 이웃에게 음식을 나누어 주는 건 축제 날 빼놓을 수 없는 전통이라고 했다.

"그리고 이건 나중에 여행할 때 유용할 테니 챙겨 넣으렴. 말린 대추야자

---

* 노란색이 나는 향신료이다.

인데, 어제 보니 네가 잘 먹더구나."

　라일라 엄마는 시윤이 주머니에 대추야자 한 움큼을 집어넣어 주었다. 달달한 대추야자는 한여름 더위에 지쳤거나 허기졌을 때 먹으면 그만이었다. 시윤이는 자신에게까지 음식을 챙겨 주는 라일라 엄마가 고마웠다.

　시윤이와 라일라는 이웃집에 가서 음식을 전해 주었다. 그러자 준 음식보다 더 많은 음식을 이웃집에서 주었다. 라일라 엄마는 받아 온 음식 중 일부를 덜어 내고 나머지 음식들을 다시 거리의 사람들에게 나누어 주라고 했다. 몇 번 왔다 갔다 하니 시윤이는 기운이 빠졌다. 하지만 음식을 받고 좋아하는 사람들을 보니 힘들어도 괜찮았다.

　"이제 그만 돌아가자. 음식도 다 떨어졌어."

　라일라는 빈 바구니를 들고 친척 집으로 뛰어갔다.

　집으로 돌아가는 길, 허름한 옷을 입은 노인이 힘겹게 걸음을 옮기고 있었다. 시윤이는 손에 들고 있던 바구니를 보았지만 음식은 이미 바닥나 있었다.

　'음식이 더 남아 있었으면 좋았을걸.'

시윤이는 아쉬워하며 노인 옆을 지나쳤다. 그런데 그때 라일라 엄마가 준 말린 대추야자가 생각났다.

'이건 내가 나중에 먹을 건데…….'

하지만 이런 생각도 잠시, 시윤이는 주머니에서 대추야자를 꺼내어 노인에게 건넸다. 노인은 환한 미소를 지으며 대추야자를 받았다.

"신의 평화가 그대에게 있기를!"

노인은 품속에서 작은 상자를 꺼내더니 시윤이에게 건넸다. 뜻밖의 물건을 받은 시윤이는 이게 뭐냐고 물어보려고 했지만, 노인은 빠른 걸음으로 자리를 떠 버렸다.

시윤이는 노인이 준 상자를 조심스레 열어 봤다. 상자 안에는 반짝거리는 진주 일곱 개가 들어 있었다.

이슬람 축제

이드 알피트르 축제

라마단 금식이 끝나면 '이드 알피트르' 축제가 열린다. 축제의 첫날, 무슬림들은 가장 깨끗한 옷을 입는 등 몸을 단정하게 한 뒤 새벽에 모스크에 가서 기도를 드린다. 그런 뒤, 가난한 사람들을 위해 헌금을 하고, 축제 기간 동안 음식을 넉넉하게 준비해서 친척, 이웃들과 나눠 먹는다.

이드 알아드하 축제

사우디아라비아 메카로의 성지 순례를 마치면 희생제인 '이드 알아드하' 축제가 열린다. 큰 명절이라는 의미인 '이드 알카비르'로도 알려져 있는 이 축제는 이슬람교의 가장 큰 축제로, 양 같은 가축을 잡아서 신에게 제물로 바친다. 이드 알아드하 축제는 아브라함이 아들 이스마엘을 제물로 바치려 하자 알라가 감동하여 이스마엘 대신 양을 바치게 한 것을 기념하기 위한 축제이다.

이슬람의 다섯 가지 의무

이슬람교에서는 꼭 지켜야 할 다섯 가지 의무가 있다. 이를 이슬람의 다섯 가지 기둥, 즉 오주라고 한다. 첫 번째는 '샤하다'이다. 신앙 고백으로, '알라 외에 다른 신은 없으며 무함마드는 알라의 예언자'라는 선언이다. 두 번째는 '살라트', 하루 다섯 번 알라에게 기도하는 것이다. 세 번째는 '자카트', 가난한 이들에게 자신의 수입 중 2.5퍼센트를 나누어 주는 것이다. 이웃을 먼저 생각하는 이슬람 정신이 들어 있다. 네 번째는 '사움', 라마단 기간 동안 낮 시간에 금식을 하는 것이다. 마지막 다섯 번째는 '핫즈', 평생에 한 번 이상 메카로 성지 순례를 하는 것이다.

이자 없는 '이슬람 은행'

이슬람 국가에서 은행의 역할은 우리가 알고 있는 보통의 은행과는 다르다. 이슬람 사회에서 은행은 돈을 빌려주고 이자를 받는 것보다 돈을 안전하게 보관해 주는 역할이 크다. 코란에 금전 거래를 할 때 고리대금을 금지한다고 나와 있기 때문인데, 돈을 빌려주고 높은 이자를 받는 고리대금업을 돈이 많은 사람이 가난한 사람을 착취하는 걸로 간주한 것이다. 은행의 이자도 마찬가지

이다. 그렇기 때문에 이슬람 은행은 이자를 받지 않는다. 그렇다면 은행은 어떻게 운영될까? 다만 고객에 따라 예금 계약 시 정한 기준에 따라 은행은 예금주의 돈으로 투자를 해서 수익을 내고 수익이 나면 일정 금액을 다시 예금주에게 준다.

이슬람 학문을 꽃피운 '지혜의 집'

압바시야 왕조는 8세기 중엽부터 13세기 중엽까지 존재했던 이슬람 제국이다. 9세기경, 압바시야 왕조에 '지혜의 집'이 세워졌다. 지혜의 집은 지금의 이라크 바그다드에 세워진 번역 기관이자 도서관, 학문을 연구한 곳으로, 주로 중세 페르시아 책들을 아랍어로 번역했고, 고대 그리스의 다양한 책들도 번역했다.

학자들은 지혜의 집에 모여서 다양한 학문을 연구했는데, 지혜의 집에는 이슬람교를 믿는 학자뿐 아니라, 종교적 문제나 전쟁으로 갈 곳 없는 학자는 물론이고 이슬람교, 기독교, 유대교 학자들까지 모였다. 지혜의 집은 계층, 신분, 출신 지역 등에 상관없이 오직 학문과 과학적 성취로 평가했다.

학자들은 지혜의 집에서 수학, 천문학, 의학, 화학, 지구 과학, 지리학, 물리학 등을 연구했고, 이렇게 연구된 학문들은 훗날 유럽으로 건너가서 유럽의 스콜라 철학(신학 중심의 철학)이 탄생하는 데에 영향을 미쳤다. 또 유럽에서 일어난 르네상스 운동의 학문적 밑바탕이 되었다. 지혜의 집에서 약 350만 권의 전문 서적이 필사되었고, 그 책들은 오늘날까지 이슬람 각 지역의 도서관에 보존되어 있다.

지혜의 집이 배출한 수학자 '알 콰리즈미'

알 콰리즈미는 지혜의 집 이슬람 학자들 중 9세기에 활동한 페르시아 수학자로, 대수학의 기본 원리를 정리하고 《인도 수의 계산법》 등 많은 수학책을 썼다. 또 알 콰리즈미로 인해서 이차 방정식, 사칙 연산, 십진법, 0의 개념이 세워졌다. 알 콰리즈미는 어떤 문제를 해결하기 위한 절차, 방법, 명령어들의 집합 등 연산학의 원리를 정리했는데, 이를 나타내는 용어인 '알고리즘'이 바로 그의 이름에서 유래했다.

천문학의 발달

이슬람 학자들은 수학, 과학, 천문학, 의학 등 다양한 분야의 학문을 연구하며 발전시켰다. 그중에서도 천문학이 발달할 수 있었던 이유는 무엇일까? 바로 서남아시아의 문화와 자연환경과 관련이 있다. 달의 움직임에 따라서 이슬람 달력을 만들고, 하루 다섯 번 이뤄지는 예배 시간을 맞추기 위해서 태양의 움직임을 관찰해야 했기 때문이다.

또한 사막에 살았던 유목민들은 캄캄한 밤에 이동하기 위해서 별과 달을 정확하게 관측해야 했는데, 이는 가족과 가축의 생명이 달린 문제였기 때문이다. 이러한 것들이 과거 아랍 지역에서 천문학이 발달한 이유이며, 천문학의 영어 표기와 별자리 이름의 70퍼센트가 아랍어에서 유래된 이유이기도 하다. 천문학 등은 훗날 바닷길을 개척해서 해외로 진출하는 밑거름이 되기도 했다. 아랍인들은 6~7세기경 바닷길을 통해 중국과 한반도로 진출했는데, 이는 유럽의 배들이 세계를 돌아다니며 항로를 개척하고 탐험과 무역을 하던 대항해 시대보다 훨씬 앞선 시기이다.

고대 천문 도구 '아스트롤라베'

잃어버린 양탄자

이튿날 라일라의 가족들은 짐을 싸기 바빴다. 사우디아라비아에 있는 도시 메카에 방문하기 위해서였다. 시윤이는 메카에 사람들이 많이 몰린다는 이야기를 듣고 여행에 함께 하기로 했다. 그곳에 가면 신드바드를 만날 수 있을 거라는 생각이 들어서였다.

시윤이와 라일라의 가족들은 끝없이 펼쳐진 사막을 한참이나 지나서 메카에 도착했다. 사우디아라비아는 이란보다 더 더운 것 같았다.

"날씨가 매우 건조하니 물을 자주 마셔야 한다."

라일라 아빠가 시윤이에게 물을 건네며 말했다.

메카 곳곳에는 수많은 사람들로 발 디딜 틈이 없었다.

"여기 왜 이렇게 사람이 많아요?"

시윤이는 주변을 두리번거리며 물었다.

"메카는 유일신 성전인 카바가 있어서 우리 무슬림들이 평생 꼭 한 번 가

보고 싶어하는 곳 중 하나야. 세계 각국에서 사람들이 오니 사람이 많을 수밖에."

라일라 아빠는 가족과 함께 메카에 와서 기쁘다며 밝은 표정으로 말했다.

카바 신전에 가서 예배를 드리기 전, 사람들은 인근 수도 시설에서 몸을 깨끗이 씻었다. 라일라 아빠도 신을 만나기 전에 꼭 해야 하는 의식이라며 손과 발을 깨끗하게 씻었다.

몸을 단정히 한 사람들은 사각형의 카바 신전을 향해서 동그랗게 앉았다. 사람이 너무 많아서 입구 밖에도 사람들이 앉아 있었다.

"어, 라일라 어디 갔어요?"

시윤이가 잠깐 한눈을 파는 사이, 라일라와 라일라의 엄마가 없어졌다. 시윤이는 라일라 아빠에게 걱정스러운 표정으로 물었다.

"걱정 마. 이곳은 남자와 여자가 기도하는 곳이 다르거든. 라일라랑 엄마는 여자들이 모여서 기도하는 곳에 있단다."

시윤이는 기도하는 사람들을 꼼꼼히 살폈다. 혹시 신드바드가 있을까 싶었기 때문이다. 하지만 이곳저곳을 둘러봐도 신드바드는 보이지 않았다.

'신드바드 님은 대체 어디에 있는 거야? 혹시 날 버리고 가 버린 거 아니야? 아예 못 만나면 난 집에 어떻게 돌아가지?'

며칠 동안 신드바드를 만나지 못한 시윤이는 불안감이 몰려왔다. 그런데 그때였다.

"요만큼, 크기는 좀 작고요. 아주 귀엽게 생긴 녀석인데, 똑똑하고……."

가까이에서 신드바드의 목소리가 들렸다.

'귀엽고 똑똑한 녀석이면…… 나?'

신드바드가 터번을 쓴 남자를 붙잡고 설명을 하고 있었다. 시윤이는 한걸음에 신드바드가 있는 곳으로 갔다.

"신드바드 님! 어디에 계셨어요? 역시 날 잊지 않으셨던 거죠? 절 계속 찾고 있었던 거죠?"

시윤이는 신드바드에게 와락 안겼다. 신드바드가 자신을 계속 찾고 있었다는 생각에 기쁨과 안도감이 느껴졌다.

"오! 시윤이구나. 네가 여기 웬일이냐? 그리고 내가 찾고 있는 건 양탄자인데……."

신드바드의 입에서 나온 말은 뜻밖이었다.

"네? 양탄자를 잃어버렸다고요? 말도 안 돼!"

시운이는 벌린 입을 다물지 못했다. 보물을 찾기도 바쁜데 양탄자마저 잃어버리다니, 이게 무슨 날벼락 같은 일인지. 시운이는 눈만 깜빡거릴 뿐이었다.

"그, 그렇게 됐다. 아 글쎄, 그 녀석이 날 사막 한가운데에 떨어트리고 갔지 뭐냐. 사막에서 만난 유목민들이 아니었으면 난 꼼짝없이 죽었을 게야. 바다에서는 큰 고래를 만나고도 살아남은 나인데 말이지.*"

신드바드는 입을 쩝쩝 다시면서 말했다. 시운이는 그런 신드바드의 모습을 보니 화가 났다. 자신을 양탄자에서 떨어트려 길을 잃게 만든 건 물론이고, 집으로 돌아갈 방법마저 물거품이 되게 하다니. 시운이는 눈물이 날 것 같았다.

라일라 가족은 자초지종을 듣고 함께 양탄자를 찾기로 했다.

"마법의 양탄자라면 다시 돌아오지 않을까요?"

라일라가 신드바드에게 말했다.

"나에게 다시 돌아오지는 않을 것 같아. 내가 고물 양탄자라고 했거든. 그 녀석이 양탄자이기는 해도 페르시아 양탄자라서 아주 똑똑하거든."

신드바드는 힘이 없는 목소리로 말했다.

"메카에 온 순례객들이 양탄자를 하나씩 가지고 다니며 자리에 깔고 앉아서 기도하고 있던데, 혹시 그중에 있지 않을까요?"

시운이는 눈을 동그랗게 뜨고 말했다.

"나까지 버리고 간 녀석인데, 사람들 말을 듣지는 않을 게야."

신드바드는 고개를 저으며 말했다.

---

* 〈신드바드의 모험〉 중 첫 번째 항해에서 신드바드는 녹지가 많은 섬에 내리는데, 알고 보니 큰 고래의 등이었다. 고래가 바닷속에 가라앉아서 사람들은 죽고 말지만 신드바드는 살아남는다.

그래도 혹시나 하는 마음에 시윤이는 사람들이 있는 곳으로 갔다. 사람들은 기도문을 외우며 엎드려 절을 하고 있었다. 그들 사이로 잃어버린 양탄자가 있는지 살폈다.

'사람들이 깔고 앉아 있어서 잘 보이지 않아.'

시윤이는 엎드려 절하고 있는 사람 곁에 가서 양탄자를 들추어 봤다. 그러자 기도하는 남자가 앞으로 고꾸라졌다.

"뭐 하는 거야?"

남자는 시윤이를 보고 화를 냈다. 시윤이는 남자에게 미안했지만 방법이 없었다. 또다시 옆 사람의 양탄자를 들췄지만 이번에도 헛수고였다.

지친 시윤이는 근처 나무 그늘에 앉았다. 한낮의 태양은 뜨거웠지만 그늘은 시원했다.

"거참, 양탄자가 열리는 나무일세."

지나가던 할아버지가 나무 위를 올려다보며 말했다. 양탄자라는 말에 시윤이는 나무 위를 올려다봤다.

"양탄자!"

시윤이가 찾던 양탄자였다. 양탄자가 나무에 걸려 있었다. 시윤이는 망설임 없이 나무에 올라서 양탄자를 꺼냈다.

양탄자를 찾았다는 말을 듣고 신드바드는 눈물을 흘리며 양탄자를 꼭 안았다.

"양탄자야! 내가 미안해. 우리 다시는 헤어지지 말자."

신드바드는 시윤이를 만났을 때보다 양탄자를 더 반가워했다. 자신과 헤어졌다가 다시 만났을 때는 눈물은커녕 아무렇지도 않아 하더니……. 시윤이는 신드바드의 행동을 보고 내심 서운했다. 빨리 나머지 보물을 찾아서 집에 가고 싶은 생각뿐이었다.

"시간이 없어. 우린 빨리 떠나야 해."

떠난다는 말에 시윤이는 조금 섭섭한 마음이 들었다. 라일라와 헤어져야 했기 때문이다. 어디로 간다는 말도 없이 신드바드는 양탄자에 올라탔다. 지체할 새도 없이 시윤이도 양탄자에 몸을 실었다. 양탄자가 하늘로 올라가려고 할 때였다. 누군가 양탄자를 잡고 몸을 던졌다. 라일라였다.

"여행을 가는데 내가 빠질 수 없지. 나도 같이 가."

라일라가 하얀 이를 드러내며 말했다.

"우아, 진짜 하늘을 날다니. 정말 신기하다!"

라일라는 들뜬 목소리로 말했다. 신드바드와 시윤이, 그리고 라일라를 태운 양탄자는 하늘 높이 날아올랐다.

아라비아 사막 '사우디아라비아'

　서남아시아에서 가장 넓은 면적을 가진 사우디아라비아는 국토의 절반 이상이 모래사막으로 덮여 있고, 암석 사막, 소금 사막 등 대부분이 건조 지역이다. 아라비아반도의 대부분을 차지하고 있으며, 서쪽으로는 홍해, 동쪽으로는 페르시아만과 접해 있다. 사우디아라비아는 1938년 석유가 발견되면서 막강한 부를 가지게 되었고, 현재 세계에서 가장 많은 석유 매장량을 가지고 있다.

성스러운 도시 사우디아라비아의 메카

이슬람교도들은 하루에 다섯 번 기도를 드린다. 어떤 장소에서 기도를 하는지는 상관없지만, 꼭 이슬람교가 탄생한 사우디아라비아 메카의 카바 신전을 향해서 기도해야 한다. 바이툴라(하느님의 집)라고도 불리는 카바 신전 안에는 검은 돌이 있다. 이슬람교가 탄생하기 전 카바 신전은 원래 다신교의 신전이었지만, 예언자 무함마드에 의해 이슬람교가 탄생하면서 카바 신전은 유일신인 알라만을 위한 신전이 됐다. 그 뒤 우상을 상징했던 모든 것들을 버리고 검은 돌 하나만 남겨 두었다. 메카는 전 세계 약 17억 이슬람교도들이 꼭 오고 싶어 하는 최고의 성지이다.

믿음을 지키는 '라마단'

　이슬람 달력으로 아홉 번째 달은 라마단 기간이다. 천사 가브리엘이 무함마드에게 알라의 말씀을 전달한 성스러운 달이라고 전해진다. 라마단 기간 동안 이슬람교도들은 해 뜨기 전부터 해 질 때까지 아무것도 먹지 않는다. 이 금식은 이슬람교도라면 꼭 지켜야 하지만, 영양 섭취가 필요한 노약자, 임산부, 어린이 등은 예외이다.

변화의 바람이 부는 이슬람

　이슬람 국가에서는 집 안에서도 남성과 여성의 거주 구역이 다를 정도로 여성과 남성에 대한 지위가 달랐다. 하지만 이슬람에서 남녀의 종교적인 임무와 수행은 평등하다. 결혼, 이혼, 상속권, 재산권 문제에 있어서도 여성이 남성과 같은 권리를 가질 수 있다.

시린 에바디

그럼에도 여전히 제한이 많고 여성 인권 향상의 길은 먼 것처럼 보인다.

　그런 이슬람에서 최근 여성 인권에 대한 변화의 바람이 불고 있다. 특히나 엄격한 관습이 남아 있던 사우디아라비아에서는 여성의 차량 및 오토바이 운전을 허용했고, 스포츠 경기장과 영화관 출입을 허가했다. 이란의 변호사이자 인권 운동가인 시린 에바디 역시 억압과 차별을 딛고 인권 운동가로 활동하며 2003년 노벨 평화상을 받았다.

동그란 밀밭의 비밀

"참! 지난번 어떤 할아버지한테서 이걸 받았어요."

시윤이는 품에서 작은 상자를 꺼냈다. 지난번 축제 때 음식을 나누어 주다가 받은 상자였다. 상자라는 말에 신드바드는 눈이 휘둥그레졌다.

"아니, 그걸 왜 지금 이야기해?"

신드바드가 버럭 소리를 쳤다.

"아니, 물어보지 않았으니까……. 이거 중요한 거예요?"

"당연하지. 우리가 찾아야 할 진주가 들어 있는 보물 상자이니까."

신드바드는 보물 상자를 건네받으며 말했다.

"잘했어. 혼자서도 보물을 찾고. 좋아, 빨리 나머지 보물을 찾으러 가자."

신드바드의 칭찬에 시윤이는 기분이 좋아졌다.

양탄자는 사막 위를 날았다. 끝없이 펼쳐진 사막 한쪽에는 큰 강 같은 것이 보였다. 신드바드는 그것을 소금기가 많은 호수인 사해*라고 했다. 소금기 때문인지 온통 사막뿐, 주변에 초록색이라고는 볼 수가 없었다. 사해를 벗어난 양탄자는 한참 동안 사막 위를 날았다. 가끔 낙타와 양을 끌고 가는 유목민이 보였다. 시윤이와 라일라는 유목민에게 손을 흔들었다.

얼마 뒤, 사막 곳곳에 푸르고 동그랗게 생긴 것들이 눈에 들어왔다.

"앗! 저건 뭐예요? 외계인들이 해 놓은 거 아니에요? 맞죠? 미스터리 어쩌고 하는 거."

시윤이는 외계인이 아니면 물도 없는 사막 한가운데에 저런 것을 만들 수 없다고 생각했다.

"뚱딴지같이 외계인은 무슨……. 밀밭이구나."

동그란 모양의 초록색 융단처럼 생겼는데, 밀밭이라니! 시윤이는 눈으로 보면서도 믿을 수가 없었다. 시골 할머니 집에서 네모난 논, 밭을 본 적은 있는데 동그란 밭은 처음이었다.

"가까이 가서 한번 보고 싶어요."

늘 빨리 보물을 찾아서 집에 가고 싶어 했던 시윤이답지 않게 호기심이 생겼다. 신드바드는 나침반을 꺼내서 뚜껑을 열었다. 나침반의 바늘 역시 밀밭을 가리키고 있었다. 보물이 있을 거라며 신드바드는 양탄자를 조정해서 밀밭 근처에 내렸다. 가까이에서 보니 밀밭은 엄청나게 컸다. 풀 한 포기 없는 사막 한가운데에 수많은 밀밭이 컴퍼스로 그린 듯 동그랗게 펼쳐져 있었다.

"비도 안 오고, 사막에 물도 없는데 어떻게 이게 가능하죠?"

시윤이는 도통 이해가 가지 않았다.

---

* 요르단과 이스라엘에 걸쳐 있는 염호로, 소금의 농도가 보통 바닷물의 약 여섯 배에 달해서 생물이 살 수 없다.

"사막은 물이 없기 때문에 땅속 깊숙이 있는 지하수나 근처 오아시스에서 물을 가져와."

라일라의 말에 시윤이는 고개를 끄덕였다.

"이 넓은 땅에 사람들이 직접 물을 주려면 정말 힘들겠네요."

시윤이의 말에 신드바드와 라일라가 웃었다.

"지하에 수로를 내어서 물을 얻는 거지."

라일라가 너무 크게 웃어서 시윤이는 조금 창피했다. 평소에 게임만 하지 말고 책 좀 읽을 걸 하는 후회가 밀려왔다.

"웬 놈들이냐!"

그때 누군가 소리치며 다가왔다. 깜짝 놀란 시윤이가 뒤를 돌아보니 남자들 대여섯 명이 서 있었다.

"수상한 자들이 자꾸 밀밭을 왔다 갔다 한다는 제보가 있었는데, 바로 네 놈들이었구나. 얼마 전부터 밀밭이 자꾸 말라 가더니만, 다 네놈들이 한 짓이지?"

콧수염이 난 남자의 입에서 의외의 말이 나왔다. 밀밭이 마른 원인이 우리 때문이라니. 그때, 손에 사진을 든 한 남자가 이쪽으로 헐레벌떡 뛰어왔다. 그리고 그 사진을 콧수염이 난 남자에게 보여 주며 귓속말을 했다.

"자, 이 사진을 봐라. 이 사진에 있는 자가 누구인 것처럼 보이냐."

사진을 본 시윤이와 라일라는 깜짝 놀랐다. 사진 속 인물은 신드바드와 무척 비슷했기 때문이다. 놀란 건 신드바드도 마찬가지였다.

"어서 이자를 가두어라."

콧수염이 난 남자가 다른 남자들에게 말했다. 남자들은 신드바드를 끌고 가 버렸다.

"아니, 저, 저 아니에요!"

신드바드는 이 상황이 무척 억울했다. 자신이 한 일이 아니라고 말해도 소용없었다.

"발뺌해도 소용없다. 정 억울하면 밀밭을 다시 살려라."

콧수염이 난 남자가 무서운 목소리로 말했다.

"어떻게 하지? 신드바드 님을 구할 방법이 없을까?"

시윤이가 말했다.

모래 바닥에 양탄자를 깔고 앉은 시윤이와 라일라는 신드바드를 구해 낼 방법을 생각했다. 하지만 시간이 흘러도 뾰족한 방법이 떠오르지 않았다.

"이렇게 그냥 생각만 하다가는 아무런 방법이 떠오르지 않을 것 같아. 일단 밀밭으로 다시 가 보자."

라일라가 일어나서 모래를 털며 말했다. 시윤이와 라일라는 당장 밀밭으로 갔다. 콧수염이 난 남자의 말대로 밀밭의 밀들이 시들시들했다. 아예 바짝 잎이 마른 것들도 보였다.

그런데 그때, 밀밭 위로 스프링클러가 지나가며 물을 뿌리기 시작했다. 밀밭 한가운데에 스프링클러의 몸체가 있고 길게 뻗은 파이프가 둥글게 한 바퀴를 돌며 물을 뿌렸다. 워낙 큰 경작지라서 스프링클러가 한 번 돌아오는 데에도 꽤 오랜 시간이 걸렸다.

"혹시 물이 부족해서인 것은 아닐까?"

"땅에도 물이 촉촉이 젖어 있는 걸로 봐서 물이 부족한 것 같지는 않아."

시윤이의 말에 라일라가 답했다.

"앗! 차가워!"

그때 다시 한 바퀴를 돈 스프링클러가 돌아오면서 밀을 바라보고 있던 시윤이 얼굴에도 물을 뿌렸다.

"그런데 사막에 있는 물은 원래 이렇게 짠가?"

입에 물이 들어와서 입맛을 다시던 시윤이가 말했다. 말을 하고 보니 뭔가 번뜩 떠오르는 게 있었다.

시윤이는 라일라를 끌고 양탄자로 향했다.

"원인을 알았어. 원인은 바로 물이었어. 물에 문제가 생긴 거야. 양탄자를 타고 물길을 따라가 보자. 그러면 답을 알 수 있을 거야."

시윤이의 말에 라일라는 박수를 쳤다.

양탄자는 수로를 따라 날아갔다. 수로는 바닷가에서 멈춰 있었다. 이 바닷물을 끌어와서 밀밭에 뿌리는 거였다.

"아마도 이 바닷물이 소금을 거르지 않고 바로 밭에 뿌려진 것 같아."

시윤이는 라일라의 말에 고개를 끄덕였다. 원인을 알았으니 신드바드를 구해야 했다. 지체할 시간이 없었다.

"그래, 원인을 알았다고?"

콧수염이 난 남자는 시윤이와 라일라를 보고 같잖다는 듯 말했다.

"네, 문제는 바로 물이었어요. 바다에서 끌어온 물이 그대로 밀밭에 뿌려진 거였어요."

시윤이는 침착하게 말했다.

"음, 그래? 가서 확인해 보아라."

콧수염이 난 남자가 다른 남자들에게 말했다. 그러자 남자들이 밀밭으로 뛰어나갔다.

"만약 너희들 말이 사실이 아니라면 너희 둘 다 갇힐 줄 알아라."

시윤이는 가슴이 조마조마했다. 곧 남자들이 다시 돌아왔다. 그러고는 콧수염이 난 남자에게 무엇인가 말했다. 콧수염이 난 남자는 남자들의 말을 듣고는 고개를 끄덕이며 시윤이와 라일라에게 다가왔다. 콧수염이 난 남자는 목소리를 가다듬고 입을 열었다.

"네 말이 맞다는구나. 얼마 전 밀밭을 더 크게 키웠는데, 물이 부족해서 더 큰 파이프로 바꿨지. 이곳은 물이 없으니 바닷물을 끌어와서 담수화 작업을 거친 뒤 밀밭에 뿌리는데, 한꺼번에 많은 양을 보내려다 보니 기계가 제대로 소금을 거르지 못한 모양이야."

콧수염이 난 남자는 아까와는 사뭇 다른 표정으로 부드럽게 말했다.

"설상가상, 물의 상태를 나타내는 기계도 고장이 나서 우리는 계속 담수가 흘러들어 가는 줄 알았지."

시윤이는 가슴을 쓸어내렸다. 혹시 다른 문제가 생기면 어쩌나 했던 걱정이 싹 사라졌다.

"신드바드 님!"

시윤이와 라일라는 신드바드를 만났다. 잠깐 못 봤을 뿐인데, 무척 반가웠다.

"나침반이 이곳에서 반응을 했는데, 이 근처에 보물이 있을 거야."

신드바드는 고맙다는 인사 대신 보물 타령을 했다.

"점토판, 진주…… 이번에는 어떤 보물일까요?"

"나침반을 보니 사막에서 가장 소중한 것이라고 나오는구나. 그게 뭘까?"

신드바드가 길게 한숨을 쉬며 말했다.

"물이지. 사막에서 물보다 소중한 게 어디 있겠느냐?"

콧수염이 난 남자였다. 자리를 뜬 줄 알았더니, 근처에서 말을 엿듣고 있었다. 그의 말을 들으니 그럴듯했다. 신드바드도 고개를 끄덕였다. 콧수염이 난 남자는 시윤이와 신드바드와 라일라를 오아시스로 안내했다. 오아시스는 가장 소중히 다루는 물이라고 했다. 신드바드는 주머니에서 몸통이 볼록한 유리병을 꺼냈다. 현장 학습에서 봤던 유리병과 비슷했지만 크기는 아주 작았다. 신드바드는 유리병에 물을 담고 뚜껑을 닫았다. 그러자 물이 담긴 유리병에서 번쩍 빛이 나타났다 사라졌다.

"그나저나 정말 미스터리하지?"

양탄자에 올라서 다음 목적지로 향하면서 신드바드가 고개를 갸웃하며 말했다.

"뭐가요?"

"아니, 나처럼 잘생긴 사람이 또 있단 말이야? 대체 어떤 녀석이지? 그 사진에 찍힌 녀석 말이야."

바지에서 거울을 꺼낸 신드바드는 요리조리 얼굴을 살피며 말했다. 시윤이와 라일라는 킥킥거리며 웃었다.

"자, 다음 보물을 찾으러 빨리 가자."

신드바드는 양탄자의 속도를 조절하며 말했다. 아이들이 웃는 소리와 함께 양탄자는 하늘 높이 날아가 점이 되어 사라졌다.

요르단

아라비아반도 북부에 위치하고 있는 요르단의 정식 명칭은 요르단 하심 왕국으로, 시리아, 이라크, 사우디아라비아, 이스라엘, 팔레스타인과 국경을 접하고 있다. 요르단 지역은 고대부터 역사에 꾸준히 등장하지만, 주변국의 침입이 잦아서 제국을 형성하지 못했다. 수많은 분쟁 끝에 1949년이 되어서야 왕국으

로서 독립할 수 있었고, 그해에 나라 이름을 요르단 하심 왕국으로 바꾸었다. 요르단 국민의 90퍼센트 이상이 이슬람교도이다. 요르단의 국토는 비옥한 서부의 요르단 계곡과 도시들이 자리하고 있는 동부 고원, 동부 사막 지역 등 크게 세 부분으로 구성되어 있다.

풀을 찾아다니는 사막의 주인, 베두인족

사막 지역이 많은 서남아시아에는 '사막에 사는 자들'이라는 의미의 이름을 가진 유목 민족인 베두인족이 살고 있다. 베두인족은 7세기경부터 양, 낙타 등의 가축을 기르며 풀을 찾아 유목 생활을 시작했다. 비가 많은 계절에는 사막에서 머물고, 건조한 시기에는 물이 풍부한 지역을 찾아서 이동했다. 하지만

최근에는 각 나라에서 정착 생활을 권하고 있기도 하고, 서남아시아 지역에서 유전이 발견되면서 유목민들이 스스로 정착해서 살아가고 있기도 한다. 그 결과, 전통 방식으로 살아가는 유목민이 점차 줄어들어서 오늘날 전체 베두인족 중 약 5~10퍼센트만이 유목 생활을 하고 있다.

서남아시아 농업

서남아시아 대부분은 건조한 사막 지역이라 물을 구하기가 어렵다. 그래서 주로 오아시스나 지하수, 하천 등을 이용해서 농사를 지었는데, 이를 오아시스 농업이라고 한다. 물이 필요한 곳에 수로와 같은 관개 시설을 설치해서 필요한 곳에 보내는 것이다. 오아시스 농업으로 밀, 대추야자, 보리, 목화 등을 재배할 수 있다.

카나트

서남아시아에서 볼 수 있는 가장 오래된 관개 시설 중 하나가 바로 '카나트'이다. 카나트 역시 사막에 지하수를 이용해 물을 끌어와서 농사짓는 데에 사용했으며, 페르시아에서 처음 발명된 것으로 추정하고 있다.

페르시아에서 사용했던 카나트의 모습

미래를 생각하는 오늘날의 농업

　최근에는 최첨단 기술을 이용해서 사막에 농사를 짓는다. 하지만 거대한 농장을 운영하기에 지하수나 오아시스의 물로는 턱없이 부족하다. 그래서 바닷물을 이용하는데, 바닷물에는 염분이 있어서 농사에 적합하지 않기 때문에 바닷물을 끓여서 염분을 없앤 순수한 물을 만들어서 사용한다. 이를 담수화라고 한다. 사우디아라비아, 요르단 등 사막이 많은 국가에는 담수화 시설이 꼭 필요하다. 사우디아라비아의 경우 석유 산업으로 번 돈을 미래를 위한 사회 간접 시설에 투자하고 있는데, 그 대표적인 사업이 바로 담수화 시설 확충이다. 담수화 과정을 거친 물은 가정 등에 공급되고, 사용한 물을 모아서 다시 재처리해 공업용수와 농업용수로 사용한다.

검은 황금, 석유

전 세계 석유 매장량 중 절반 가까이가 서남아시아 페르시아만 주변에 매장되어 있다. 왜 전 세계에서 유독 이곳에 석유가 집중적으로 매장되어 있을까? 석유의 생성 원리에 대해서는 아직 정확히 밝혀지지 않았지만, 가장 유력한 것은 바다에 사는 부유 생물인 플랑크톤이 죽어서 미생물의 잔해가 매우 작은 진흙 입자 등과 함께 바다에 쌓이고, 지열과 지압이 가해지면서 석유가 생성된다는 것이다. 그렇기 때문에 석유가 많은 지역은 과거에 바다였다는 사실을 알 수 있다. 즉, 페르시아만 지역 또한 오랜 옛날 바다의 밑바닥이었던 것이다.

서남아시아 국가들은 20세기에 접어들면서 석유가 발견되기 시작했고, 이는 전 세계적으로 경제 발전과 현대화를 촉진시켰다.

최고 품질을 자랑하는 '페르시아 양탄자'

  서남아시아 사람들은 오래전부터 양탄자를 사용해 왔다. 특히 양탄자는 어디에 깔아도 손색없고, 가지고 다니기도 편리하여서 유목민에게는 중요한 생필품이었다. 양탄자는 주로 양털로 만들었는데, 이 지역에서 양을 많이 키웠기 때문에 가능한 일이었다. 특히 페르시아 양탄자는 세계에서 가장 뛰어난 양탄자로 유명하다. 그중 실크로 만든 양탄자는 매우 조밀하게 구성되어 있어서 생활용품뿐 아니라 예술품으로도 인정받고 있다.

샬롬*, 서남아시아

하늘을 날고 있던 양탄자 위에서 나침반을 보고 있던 신드바드의 표정이 좋지 않았다.

"무슨 일 있으세요, 신드바드 님?"

라일라의 물음에 신드바드는 대답도 하지 않고 한숨만 내쉬었다. 답답한 시윤이는 신드바드가 보고 있는 나침반을 봤다. 나침반의 바늘이 평소와는 다르게 심하게 흔들리고 있었다.

"나침반이 왜 이런 거죠?"

"뭔가 심상치 않은 일이 일어나고 있는 것 같아."

신드바드의 말에 시윤이는 불안감이 몰려왔다.

"그럼 나머지 보물을 못 찾는 건가요?"

---

* 히브리어로 평화를 의미하는데, 일반적인 인사말로 '안녕하세요'라는 뜻이다.

시윤이가 걱정스러운 표정으로 물었다.

"아니, 그보다 더한 문제야. 평화의 도시가 흔들리고 있어."

보물을 못 찾고 집에 돌아가지 못하는 것보다 더한 문제가 있을까? 시윤이는 신드바드의 말에 머리를 갸웃했다. 평화의 도시는 어디이고 뭐가 흔들린다는 걸까?

"이럴 때가 아니야. 빨리 보물을 찾아야겠다."

"보물을 찾으면 문제가 해결되나요?"

시윤이는 눈을 깜빡이며 물었다. 보물을 다 찾으면 자신이 집으로 돌아간다는 생각만 했지, 그 뒤에 보물이 어떻게 쓰일지는 생각하지 못했다.

"보물 네 개는 이곳 서남아시아를 위해서 꼭 쓸데가 있어."

신드바드는 양탄자의 속도를 높였다. 빠르게 하늘을 날던 양탄자는 한참 동안 바다 위를 날았다. 멀리 육지가 보였다. 늘 사막만 보았던 시윤이는 맑고 투명한 바다를 보자 더위가 가시는 기분이었다. 금방이라도 뛰어들어서 수영을 하고 싶었다.

"우린 지금 지중해를 건너고 있는 거야."

"서남아시아에도 바다가 있었군요."

"그럼, 지중해뿐 아니라 홍해랑 페르시아만, 그리고 아라비아해가 아라비아반도를 둘러싸고 있지."

지중해를 건너면 어떤 나라가 나올까? 시윤이는 도착할 곳이 궁금했다. 양탄자를 타고 하늘 위에서 바라본 세상은 그동안 봤던 서남아시아의 다른 나라들과 사뭇 달랐다. 신드바드는 이곳이 터키라고 했다.

"터키는 서남아시아에서 가장 위쪽에 위치한 나라야. 왼쪽으로는 유럽과 붙어 있어서 유럽의 문화를 가지고 있기도 하지."

양탄자는 터키 이스탄불에 내렸다.

"보물이 저곳에 있는 것 같아. 나침반이 반응을 했어."

신드바드는 도심 한가운데에 우뚝 솟아 있는 큰 건물을 가리키며 말했다. 저곳은 아야소피아 성당이라고 했다.

"이슬람 국가인데 성당이 있어요?"

시윤이는 놀란 눈으로 물었다.

"아주 오래전에는 성당이었고, 그다음은 모스크, 그리고 지금은 박물관으로 사용하고 있지."

아야소피아 성당에는 첨탑 네 개가 우뚝 솟아 있었다. 육중한 철문을 지나서 박물관 안에 들어서자 안의 풍경은 밖에서 보던 느낌과 사뭇 달랐다.

"이곳 어딘가에 '평화'가 있어. 평화가 가득한 곳에 보물이 있을 거야."

신드바드는 나침반을 보며 말했다. 관광객들로 발 디딜 틈 없는 거대한 건축물 안에서 평화라는 글자를 찾으라니. 시윤이는 잠시 한숨을 내쉬었다가 곧 이곳저곳을 살폈다.

시윤이는 회랑을 지나서 본당으로 들어섰다. 눈앞에 펼쳐진 본당은 상당히 넓었다. 고개를 들어서 천장을 바라보자 거대한 중앙 돔이 우주처럼 멀게 느껴졌다. 사람들이 웅성대는 소리가 잠시 꿈을 꾸고 있는 것 같다는 느낌을 들게 했다. 천장을 받치고 있는 대리석 기둥들도 예사 건물의 기둥과 달랐다. 자세히 보니 기둥마다 색도 달랐다. 아주 오래전에 만들어졌다는 건축물에는 시간의 흔적이 빛바랜 벽으로 남아 있었다. 천장과 벽, 창문에는 모자이크와 코란 구절들이 덮여 있었다. 그리고 이전에 갔던 모스크에서 자주 본 문양들이 줄기처럼 뻗어 있었다. 지금까지 봤던 모스크에서는 신과 사람의 모습을 볼 수 없었다. 모스크를 꾸며 놓은 것은 사진이나 인물 그림이 아닌 알 수 없는 무늬였다. 그러고 보니 양탄자의 무늬도 모스크의 무늬와 비슷했다. 글자 같기도 하고 손 가는 대로 아무렇게나 그린 선 같기도 했다. 모스크 벽을 손으로 만지며 무늬를 따라서 눈동자를 움직였다.

"아라베스크야. 정말 아름답지?"

타일을 만지는 시윤이에게 라일라가 말했다. 아라베스크. 이름도 무늬처럼 예쁘다는 생각이 들었다.

고개를 돌려서 옆을 바라보니 이번에는 불빛을 받아서 은은히 빛나는 성모 마리아와 아기 예수의 황금 모자이크가 있었다. 같은 공간 안에 두 개의 종교라니. 그것도 이슬람교와 기독교. 시윤이는 눈으로 보고도 믿기지 않았다.

아주 오래전에 만들어졌지만, 아직까지 이렇게 잘 보존되어 있다는 사실이 놀라웠다. 시윤이는 아름다운 건축물에 빠져서 시간 가는 줄을 몰랐다. 하지만 곧 보물을 찾아야 한다는 생각이 들었다. 다시 빠른 걸음으로 박물관 곳곳을 살폈다. 그때 황제의 문 위쪽 벽면에 모자이크로 된, 앉아 있는 예수의 모습이 보였다. 예수가 왼손에 글자가 쓰인 무엇인가를 들고 있었는데, 어떤 글자인지는 알 수 없었다.

"그대에게 평화가 함께할지니, 나는 온 세상의 빛이로다."

라일라가 벽에 새겨진 성서 구절을 읽었다.

"평화? 평화!"

시윤이는 평화라는 단어를 읊조렸다. 하지만 상자는커녕 그림자도 찾을 수 없었다. 어디를 가야 평화가 가득하단 말인가? 시윤이는 자리를 옮기기 위해서 걸음을 재촉했다. 도통 답이 나오지 않는 이곳에서 시간을 지체할 수 없었다. 그 순간, 시윤이는 낯선 남자와 부딪혔다. 남자는 들고 있던 물건을 바닥에 떨어트렸다.

"앗, 죄송합니다."

시윤이는 남자가 떨어트린 물건을 향해 손을 뻗었다. 순간 물건에서 빛이 번쩍거리다 사라졌다. 성경책이었다.

"평화를 빕니다."

편안한 표정의 남자가 시윤이에게 말했다.

남자의 입에서 평화라는 말을 듣자 시윤이의 머릿속에서 무엇인가가 번쩍했다. 평화라는 단어가 많이 나오는 것은 성경책이었다.

"저, 이 성경책 좀 저에게 주시면 안 될까요?"

시윤이의 말에 남자는 당황한 표정을 지었지만, 이내 고개를 끄덕이며 성경책을 건넸다.

시윤이는 뛸 듯이 기뻤다. 라일라와 함께 보물을 가지고 신드바드에게로 갔다.

"좋아. 역시 너희 둘이 함께하니 못할 게 없는 것 같구나."

신드바드는 흐뭇한 표정으로 말했다.

동서양을 잇는 '터키'

　국민의 대부분이 이슬람교를 믿는 터키는 아시아 대륙 서쪽 끝에 있는 아나톨리아반도에 위치하고 있으며, 북쪽으로는 흑해, 서쪽으로는 에게해, 남쪽으로는 지중해에 둘러싸여 있다. 동양과 서양을 잇는 다리 역할을 한 터키는 지리적 요건 때문에 독특한 문화를 꽃피울 수 있었다. 터키의 수도는 앙카라이지만, 아시아와 유럽의 경계에 위치한 항구 도시 이스탄불이 문화와 경제 교류의 요충지 역할을 하고 있다.

비잔틴 건축의 걸작 '아야소피아 성당'

터키 이스탄불은 고대 그리스 시대에는 비잔티움으로 불렸고, 동로마 제국 시절에는 콘스탄티노플이라고 불렀다. 그리스도교를 믿었던 동로마 제국은 콘스탄티노플에 대성당을 지었는데, 그것이 바로 '성스러운 지혜'라는 의미의 이름을 가진 아야소피아 성당(성 소피아 성당)이다. 아야소피아 성당은 대표적인 비잔틴 양식의 건축물로, 둥근 지붕 모양과 선명한 모자이크, 화려한 내부 장식 등이 특징이다. 이후 동로마 제국이 오스만 제국에 정복당하게 되면서 아야소피아 성당은 그리스도교 대성당에서 이슬람 사원인 모스크로 바뀌었다. 터키

정부는 1935년에 아야소피아 성당을 박물관으로 개장하였고, 성당과 모스크의 흔적이 모두 남아서 묘한 분위기를 풍기는 아야소피아 성당은 많은 관광객이 찾는 명소가 되었다.

예수 모자이크 벽화

코란 문구

이슬람교와 기독교가 공존하는 아야소피아 성당의 내부 모습

이슬람 예술의 꽃 '아라베스크'

　이슬람교를 믿는 국가에서는 신과 사람, 동물의 모습을 조각상이나 그림으로 나타내는 것을 금지한다. 이런 활동들이 신의 창조 활동을 침해하는 일이라고 생각하기 때문이다. 그래서 모스크와 가정집 등에서는 이런 것들을 볼 수 없다. 하지만 공예품과 건축물에 아름다움을 표현하는 걸 중히 여겨서 문자나 식물, 기하학적인 무늬가 어우러진 아랍풍의 장식을 했는데, 이러한 무늬 양식을 '아라베스크'라고 한다.

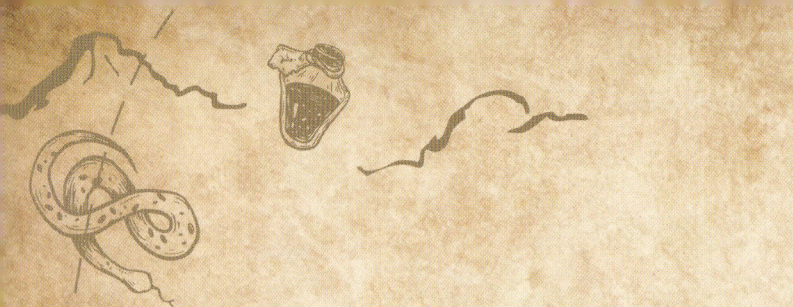

모험의 끝

"자, 이제 보물을 다 찾았죠? 전 이제 집에 돌아갈 수 있죠?"

시윤이는 집에 간다는 사실이 좋았다.

"그래, 이제 집으로 가야지. 그런데 그 전에 우리가 꼭 해야 할 일이 있단다. 우리는 이제 이것들을 가지고 이곳의 평화를 지켜야 해."

자신들이 찾은 보물들이 평화를 지킬 수 있다니, 시윤이는 신드바드의 말이 이해가 되지 않았다.

신드바드는 주머니에서 나침반을 꺼내어 만지작거렸다.

"흠, 일단 평화의 도시로 가자."

양탄자는 하늘 높이 날아올랐다. 어디로 가느냐는 라일라의 물음에 신드바드는 예루살렘으로 갈 거라고 했다. 예전에 시윤이의 할머니가 성지 순례로 다녀온 적이 있는 곳이었다. 그렇다면 성스러운 도시가 틀림없는데, 평화가 흔들린다는 건 대체 무슨 이야기일까?

예루살렘으로 가는 길, 갑자기 하늘 저편에서 먹구름이 몰려왔다. 곧 많은 양의 비가 쏟아질 것 같았다. 양탄자에서 바라본 아래의 분위기가 심상치 않았다. 건물 뒤편에 탱크가 있었고 총을 든 군인들이 곳곳에 서 있었다. 몇몇 건물들은 폭탄을 맞았는지 폐허가 되어 있었다. 도시는 도저히 사람들이 살기 어려워 보일 정도로 적막감이 흘렀다.

"예루살렘은 기독교, 이슬람교, 유대교가 탄생한 곳이야. 그 어느 곳보다 평화로워야 하는 곳인데, 지금은 그 주변 도시들이 시한폭탄처럼 늘 불안한 곳이 되어 버렸지. 예루살렘도 머지않아 저렇게 될까 걱정스러워."

신드바드는 안타까운 듯 말했다.

"그럼 지금까지 찾은 보물들은 모두 예루살렘에서 사용했던 것들이에요?"

시윤이가 갑자기 무언가 깨달았다는 듯 외쳤다.

"그렇지. 지금까지 우리가 찾은 보물들은 서남아시아를 나타내는 것들이야. 우리의 화려한 문명을 말해 주는 점토판, 종교의 화합과 평화를 상징하는 성경책, 사막의 나라에 없어서는 안 될 물 한 방울……."

"그러면 진주는 뭔가요?"

고개를 끄덕이며 듣던 시윤이가 질문했다.

"아주 오래전, 석유가 발견되기 전에는 진주 산업이 발달했었어. 지금은 비록 관광용으로 운영하는 게 전부이지만 말이야. 진주는 우리의 삶을 풍요롭게 만들어 준 밑바탕이었지."

신드바드의 말을 들으니 그동안 찾은 보물들이 모두 중요한 의미를 지녔다는 걸 알 수 있었다. 모두가 힘을 합쳐서 보물을 찾은 게 내심 다행이라는 생각이 들었다. 그런데 문제는 이 보물들을 어떻게 사용할지였다.

"시간이 얼마 남지 않은 것 같아. 얼른 평화를 널리 알릴 수 있는 곳으로 가자."

시윤이와 라일라와 신드바드는 황금 돔 사원을 지나서 벽만 덩그러니 남아 있는 곳에 도착했다. 벽 앞에는 사람들이 와서 고개를 숙이고 기도를 하고 있었다. 벽 사이에는 쪽지들이 끼여 있었다.

"이곳은 통곡의 벽이야. 이 벽 사이에 그동안 우리가 찾은 보물들을 끼워 넣자."

시윤이와 라일라는 그동안 찾은 보물들을 꺼내어 벽 사이에 넣었다. 그리고 마지막으로 물을 꺼내서 벽에 부었다. 어느덧 세 명은 손을 잡고 있었다.

보물들을 벽에 다 끼워 넣었지만 큰 변화는 없었다. 통곡의 벽에 있던 사람들과 멀리 총을 들고 있던 군인들의 표정 역시 그대로였다. 달라진 것은 없어 보였다.

"아무 일도 일어나지 않는데요? 어떻게 된 거죠?"

시윤이는 걱정스러운 표정으로 말했다.

"평화는 눈에 보이지 않아. 마음으로 느낄 뿐이지."

신드바드는 눈을 감고 깊은 숨을 들이쉬며 말했다. 그러는 사이, 예루살렘 하늘에 끼어 있던 먹구름이 서서히 걷히고 구름 사이로 빛이 비췄다. 인근 황금 돔 사원에서 이슬람교의 아잔*이 울렸고 성묘 교회에서는 종소리가 났다. 통곡의 벽에서는 유대인들의 기도 소리가 들렸다. 변한 건 없었지만 아까와는 사뭇 다른 느낌이었다. 평화로운 풍경에 시윤이의 마음도 한결 좋아졌다.

---

* 이슬람교에서 일정한 시각이 되면 예배 시각을 알리는 소리이다. 모스크의 첨탑에서 매일 다섯 차례 울린다.

예루살렘을 뒤로하고 시윤이와 신드바드와 라일라는 양탄자에 올랐다. 사막을 나는 양탄자 위에서 신드바드는 나침반을 살피고 있었다.

"신드바드 님, 또 무슨 문제가 있는 건 아니죠?"

"그럴 리가. 다시 집으로 돌아가기 위해서 잠깐 점검하는 거야. 걱정하지 마."

막상 집으로 돌아간다고 하니 시윤이는 마냥 기뻐할 수가 없었다. 모험을 시작한 게 엊그제 같은데, 모두와 헤어져야 한다니. 서운한 건 라일라도 마찬가지였다. 모래 언덕 너머 지는 해 때문에 서쪽 하늘이 온통 붉게 물들었다. 사막 언덕을 넘어온 햇살이 길게 그림자를 만들었다.

"난 꿈이 생겼어."

시윤이가 입을 열자 라일라가 바라봤다.

"이 세상에서 뭔가 도움이 되는 사람이 되고 싶어. 그런데 아직 구체적으로 뭘 할지는……."

시윤이는 말끝을 흐렸다. 무엇인가 하고 싶은 마음은 컸지만, 막상 뭘 해야 할지 떠오르지 않았기 때문이다.

"그래, 우리 나중에 꼭 다시 만나자."

라일라의 뒤로 해가 졌다. 라일라의 눈에서 별빛 같은 눈물이 떨어졌.

곧 별이 하나씩 떠올랐다. 얼마 지나지 않아서 수많은 별들이 사막 하늘을 가득 메웠다. 멀리 별을 바라보던 시윤이는 입술을 굳게 다물었다. 시윤이의 눈동자가 별보다 더 빛났다. 시윤이의 말을 듣고 있던 신드바드는 옅은 미소를 지으며 고개를 끄덕였다.

"어!"

또다시 양탄자가 흔들렸다. 이번에는 제발, 아무 일도 없어야 하는데. 대체 무슨 일이 또 일어나려고 양탄자가 흔들리는 건지. 시윤이는 양탄자를 꼭 붙잡았다. 하지만 손이 미끄러지면서 또다시 아래로 떨어졌다.

"시윤아! 시윤아! 얘가 여태까지 학원도 안 가고 책상에 엎드려서 자고 그래?"

엄마가 시윤이를 흔들어 깨웠다. 시윤이는 번쩍 눈을 뜨고 주변을 두리번거렸다. 신드바드도 라일라도, 그리고 양탄자도 없었다.

"이게 다 꿈이었단 말이야?"

아쉬움이 섞인 목소리로 시윤이가 말했다. 그때, 시윤이의 손에 들려 있는 신드바드의 나침반. 시윤이는 알쏭달쏭한 표정으로 나침반을 바라봤다.

3대 종교의 성지, 평화의 도시 예루살렘

예루살렘은 현재 이스라엘이 점령하고 있지만, 이스라엘과 팔레스타인의 분쟁 지역으로 국제법상 어느 나라의 소유도 아닌 도시이다. 기원전 1800년경부터 사람들이 터를 잡고 살고 있던 예루살렘은 역사적으로 아주 의미 있는 곳인데, 세계 3대 종교인 기독교, 이슬람교, 유대교의 성지가 모두 모여 있기 때문이다. 기독교인에게 예루살렘은 예수가 십자가에 못 박혀 죽은 뒤 묻혔다고 전해지는 곳에 세운 성묘 교회와 예수가 부활한 곳이다. 유대교를 믿는 유대인들

에게 예루살렘은 헤브라이 왕국과 지혜로운 왕 솔로몬이 신전을 세운 곳이기 때문에 중요하다. 유대인들은 이곳을 매우 거룩하게 여기고 순례의 장소로 찾고 있으며, 이곳을 '통곡의 벽'이라고 한다. 이슬람교도들에게는 예언자 무함마드가 하늘로 올라가서 하느님을 만난 승천의 장소이자 가장 오래된 모스크인 '바위의 돔'이 있기 때문에 의미 있는 곳이다.

중동의 화약고 '이스라엘-팔레스타인 분쟁'

19세기 말, 자신들만의 나라가 없던 유대인들은 탄압을 피해서 성서에 기록된 땅을 세우고자 했다. 이것을 시오니즘이라고 한다. 유대인들은 서남아시아 팔레스타인 지역을 성서에 기록된 약속의 땅으로 믿고 팔레스타인으로 건너왔다. 제1차 세계 대전 당시 영국과 독일은 유대인에게 팔레스타인 지역을 줄 것

을 약속하고, 유대인의 도움을 받아서 전쟁을 승리로 이끈다. 그 결과 미국과 유엔의 주도로 팔레스타인 지역은 유대 국가와 아랍 국가로 나뉘었고, 이후 많은 유대인들이 팔레스타인 지역에 와서 터전을 잡았다. 그리고 1948년에 유대인들은 이스라엘을 세워서 독립을 선언한다. 독립 선언 뒤 이스라엘은 팔레스타인을 비롯한 아랍 국가와 수차례 중동 전쟁을 치른다. 초반에는 주변 아랍 국가의 도움으로 팔레스타인이 유리했지만, 이후 치러진 모든 전쟁에서는 최첨단

무기를 지원해 준 미국의 도움으로 이스라엘이 이기게 된다. 그로 인해 팔레스타인에 살고 있던 많은 사람들은 난민이 되어서 인근 나라로 가거나 좁은 정착촌에 살게 되었다. 이곳은 아직까지도 크고 작은 분쟁으로 많은 민간인들이 희생당하는 비극이 계속되고 있다.

이슬람 분쟁

이스라엘-팔레스타인 분쟁뿐 아니라 전 세계적으로 이슬람이 연관된 크고 작은 분쟁이 꾸준히 일어나고 있다. 1991년에 일어난 걸프전은 이라크가 쿠웨이트를 침공한 것을 응징하기 위해 미국과 유엔이 이라크와 벌인 전쟁이다. 걸프전은 이라크가 항복을 선언하며, 쿠웨이트에서 철수하는 것으로 끝을 맺었다.

2001년 9월 11일에는 과격 이슬람 테러 단체인 알카에다 조직에 의해 납치된 비행기 세 대가 미국 뉴욕의 세계 무역 센터 등에 충돌하는 테러가 발생했다. 이 911 테러는 전 세계를 충격에 빠트렸으며, 만여 명의 사상자를 냈다.

ⓒ연합뉴스

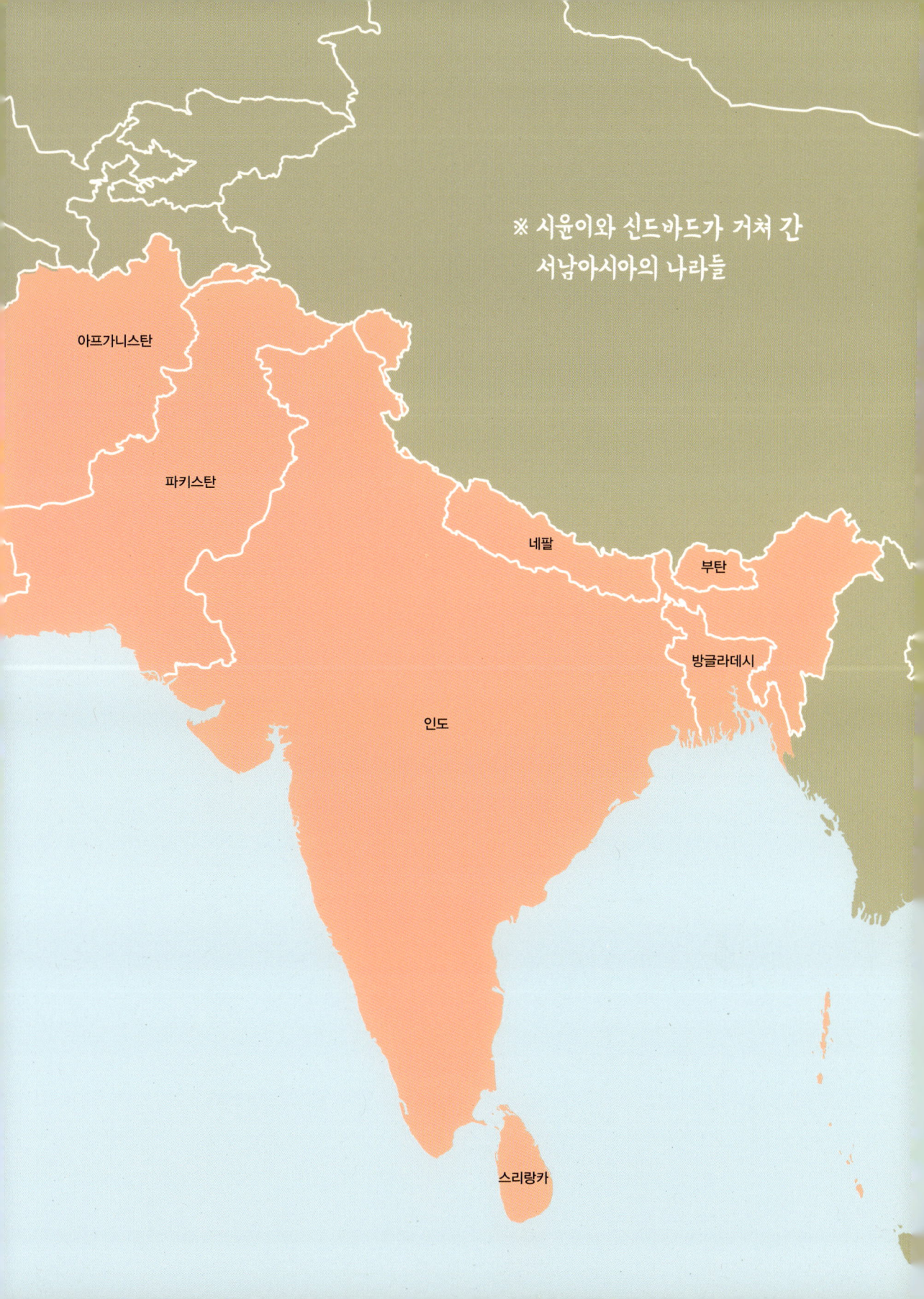

세계 속 지리 쏙

신드바드와 떠나는 위대한 모험

초판 1쇄 발행 2018년 4월 9일
초판 2쇄 발행 2019년 6월 3일

글 박효연 | 그림 박규빈

ⓒ 박효연, 박규빈 2018
ISBN 979-11-88283-36-1 73300
ISBN 979-11-88283-30-9 (세트)

* 저작권법에 의하여 한국 내에서 보호를 받는 저작물이므로 무단 전재와 무단 복제를 금합니다.
이 도서의 국립중앙도서관 출판예정도서목록(CIP)은 서지정보유통지원시스템 홈페이지(http://seoji.nl.go.kr)와 국가자료공동목록시스템(http://www.nl.go.kr/kolisnet)에서 이용하실 수 있습니다. (CIP제어번호 : CIP2018008872)
* 책값은 뒤표지에 있습니다.
* 잘못 만들어진 책은 구입하신 곳에서 바꾸어 드립니다.

발행처 주식회사 스푼북 | **발행인** 박상희 | **출판신고** 2016년 11월 15일 제2017-000267호
제조국 대한민국 | **주소** (03968) 서울시 마포구 성미산로 29, 302호
전화 02-6357-0050(편집) 02-6357-0051(마케팅)
팩스 02-6357-0052 | **전자우편** book@spoonbook.co.kr
*10세 이상 어린이 제품

제품명 신드바드와 떠나는 위대한 모험 | **제조자명** 주식회사 스푼북 | **제조국명** 대한민국
전화번호 02-6357-0050 | **주소** 서울시 마포구 성미산로 29, 302호
제조년월 2019년 6월 3일 | **사용연령** 10세 이상
※ KC마크는 이 제품이 공통안전기준에 적합하였음을 의미합니다.

⚠ 주 의
아이들이 모서리에 다치지 않게 주의하세요.